TERRORISMO OCIDENTAL

DE HIROSHIMA À GUERRA DE DRONES

AUTONOMIA
LITERÁRIA

Este livro foi publicado originalmente sob o título de *On Western Terrorism: from Hiroshima to Drone Warfare,* pela Pluto Press.

Coordenação editorial
Cauê Seignemartin Ameni, Hugo Albuquerque, Manuela Beloni
Tradução: Aline Scátola
Revisão: Ligia Magalhães Marinho
Capa: Rodrigo Côrrea/studiocisma
Diagramação: Manuela Beloni

Dados Internacionais de Catalogação na Publicação (CIP)
(eDOC BRASIL, Belo Horizonte/MG)

C548t Chomsky, Noam.
Terrorismo ocidental: de Hiroshima à guerra de drones / Noam Chomsky, Andre Vltchek; tradutora Aline Scatola. – São Paulo, SP: Autonomia Literária, 2021.
14 x 21 cm

Título original: On Western Terrorism: from Hiroshima to Drone Warfare
ISBN 978-65-87233-63-5

1. Chomsky, Noam - Entrevistas. II. Terrorismo - Países ocidentais. III. Propaganda - Países ocidentais. IV. Países ocidentais - Relações exteriores. V. Países ocidentais - Política e governo. I.Vltchek Andre. II. Scatola, Aline. III. Título.
CDD 363.3

Elaborado por Maurício Amormino Júnior – CRB6/2422

Autonomia Literária
Rua Conselheiro Ramalho, 945
CEP: 01325-001 São Paulo - SP
autonomialiteraria.com.br

noam
CHOMSKY
& andre vltchek

TERRORISMO OCIDENTAL

DE HIROSHIMA À GUERRA DE DRONES

TRADUÇÃO DE ALINE SCÁTOLA

Sumário

Prefácio à segunda edição

por Noam Chomsky

Nosso diálogo sobre terrorismo ocidental foi para o prelo pouco depois do ataque promovido contra a Líbia pelos Estados Unidos, Reino Unido e França, ação que violou a resolução aprovada à força pelo triunvirato imperial no Conselho de Segurança das Nações Unidas e desconsiderou o esforço incessante da União Africana em busca de caminhos diplomáticos para evitar o desastre que se seguiu. (122f.)

Na época, os líderes do Ocidente exaltaram a agressão como uma "vitória histórica para o povo da Líbia", conquistada com a ajuda da Otan (segundo Ivo Daalder, representante permanente dos Estados Unidos na Otan, e James Stavridis, comandante supremo aliado da Europa), em que os Estados Unidos "atingiram [seus] objetivos" sem colocar um único par de botas em campo (de acordo com o presidente Barack Obama).

No mundo real, segundo análise de Alan Kuperman publicada na revista *Foreign Affairs*, principal periódico do *establishment*, "a intervenção da Otan parece ter aumentado o número de mortes violentas em mais de dez vezes", deixando o país devastado e à mercê de milícias em conflito. A agressão também mudou as exportações líbias: em vez de petróleo, passaram a transbordar de armas e jihadistas, a maioria direcionada à África Ocidental, atualmente o maior centro de terrorismo radical islâmico segundo estatísticas da ONU. Ao mesmo tempo, garantiu ao Estado Islâmico (Isis) uma nova base de apoio na África.

O triunfo é típico da "guerra global contra o terrorismo" declarada em setembro de 2001 pelo presidente George W. Bush. Redeclarada, para ser mais exato: vinte anos antes, o presidente Ronald Reagan já havia declarado guerra contra o terrorismo internacional, "a praga da era moderna". Essa ofensiva logo se transformou em uma guerra terrorista assassina, tendo como alvo principal os levantes populares da América Central que tentavam se libertar de ditaduras brutais apoiadas pelos Estados Unidos. Centenas de milhares de pessoas foram mortas, em sua maioria esmagadora por forças armadas e treinadas por Washington. Enquanto isso, Reagan também foi o último apoiador das forças terroristas da África Austral aliadas ao regime do *apartheid* na África do Sul. Mas melhor esquecer tudo isso aí.

Na época da redeclaração de guerra de Bush, o terrorismo radical islâmico estava localizado em pequenas regiões tribais na fronteira entre Afeganistão e Paquistão. Hoje, já alcançou o mundo todo. Cada marretada espalha a praga, exatamente como é esperado quando o uso imediato da violência sobrepuja os meios pacíficos disponíveis e as raízes do problema são ignoradas.

Nesse ínterim, o presidente Obama deu início a uma nova fase de terrorismo com uma campanha global de assassinatos direcionada a pessoas suspeitas de terem intenção de prejudicar os Estados Unidos, muitas vezes com base nos indícios mais frágeis. O jornal *The New York Times* noticiou que o governo estava contabilizando "todos os homens em idade militar [assassinados] em zonas de ataque" como combatentes, embora pudesse haver comprovação "póstuma" de inocência por "inteligência explícita". Não foi exagero do embaixador dos Estados Unidos no Paquistão, Cameron Munter, quando informou à imprensa que a definição de alvo legítimo era "homem entre 20 e 40 anos".

Em 2016, Obama já havia expandido sua campanha terrorista para muitos países. Nos primeiros meses do ano, seus ataques vitimaram pessoas no Iêmen, na Síria, no norte do Iraque, no Afeganistão e na Somália. Neste último caso, foram mortos 150 suspeitos de serem militantes, no que se alegou ser um acampamento de treinamento terrorista. Há um número desconhecido de civis mortos – chamados de "efeito colateral". Em geral, esses assassinatos são previstos, como no episódio em que a CIA atacou uma multidão de cerca de 5 mil pessoas que velavam o corpo de um comandante de média patente do Talibã em junho de 2009, matando oficialmente 83 – entre as 45 civis, dez eram crianças.

O terrorismo vai muito além do assassinato. Um estudo sobre a guerra dos drones conduzido pelas faculdades de direito da Universidade de Nova York e de Stanford indica que:

> A presença deles [dos drones] aterroriza homens, mulheres e crianças, desencadeando ansiedade e traumas psicológicos nas comunidades civis. Quem vive sobrevoado por drones sente a apreensão constante de que um ataque fatal pode começar a qualquer momento e a consciência de ser impotente para se proteger. Esses medos afetaram o comportamento. A prática dos Estados Unidos de atacar uma única área diversas vezes e os indícios de que esses ataques mataram socorristas fazem com que membros da comunidade e pessoas que fazem trabalho humanitário tenham medo ou hesitem em ajudar vítimas feridas. Alguns membros da comunidade evitam se reunir em grupo, incluindo em órgãos tribais importantes para a resolução de conflitos, por medo de atrair a atenção de operadores de drones.[1]

A região do Oriente Médio passou por diversas mudanças desde a publicação da primeira edição deste livro. O Isis, outro resultado monstruoso da invasão do Iraque, ainda não tinha aparecido. A Primavera Árabe ainda não tinha se transformado no pesadelo da di-

[1] *Living Under Drones: Death, Injury, and Trauma to Civilians From US Drone Practices in Pakistan*, setembro de 2012, p. vii.

tadura egípcia e, pior de tudo, na horrenda catástrofe síria. A "crise dos refugiados" – mais precisamente, uma crise moral do Ocidente – ainda não tinha chegado à escala e ao caráter escandaloso que atingiu. Em outras partes do mundo, havia desdobramentos críticos em curso que não poderão ser revisitados aqui por questões de espaço, mas que têm relação com o tema geral das discussões deste livro.

3 *de outubro de* 2016

Introdução

por Andre Vltchek

Seria possível descrever o homem com quem discuti a situação do nosso mundo como "o maior intelectual do século XX", ou "a pessoa mais citada do nosso tempo", ou um guerreiro corajoso contra a injustiça e a violação de bilhões de homens, mulheres e crianças indefesas em todo o mundo? Seria, com certeza, mas ele não gostaria de palavras grandiosas e epígrafes lisonjeiras.

Para mim, Noam Chomsky é um homem que também ama rosas, gosta de uma boa taça de vinho e fala com afeto e ternura sobre o passado, sobre as pessoas que cruzaram seu caminho em tantos lugares de nosso planeta. Um homem que sabe fazer perguntas e escuta com atenção as respostas; uma pessoa muito gentil, um ser humano afetuoso e um amigo querido.

Na parede do escritório de Noam no Instituto de Tecnologia de Massachusetts (MIT) está pendurada uma icônica foto com citação de Bertrand Russell: "Três paixões, simples mas de força avassaladora, governaram minha vida: o desejo de amor, a busca por conhecimento e uma insuportável compaixão pelo sofrimento da humanidade".

Por algum motivo, quando me lembro dessas palavras, sempre tenho a impressão de que foram ditas por Noam. Talvez porque ele age como se elas representassem sua própria filosofia de vida.

***

"Vamos dar uma volta", disse-me Noam muitos anos atrás, quando nos encontramos pessoalmente pela primeira vez, na cidade de Nova York. "Deixe que eu compre um café para você", provocou. "Eu sou um americano rico, sabe..."

Pegamos dois cafés em uma *deli* e ficamos horas sentados em um banco no parque perto da Universidade de Nova York. Conversamos, "trocamos anotações" e discutimos o mundo. Claro, eu também tinha cidadania estadunidense, mas Noam era, de fato, um "americano rico" nesse nosso joguinho. Justo o Noam!

Desde os primeiros momentos que passei com ele, senti a gentileza e a camaradagem. Fiquei à vontade, como se a diferença de idade não existisse, como se eu encontrasse um velho amigo, não um dos maiores pensadores contemporâneos.

Quando esse encontro aconteceu, nós já tínhamos uma história. Passamos anos nos correspondendo, falando sobre política e os crimes cometidos pelo Ocidente, mas também sobre coisas muito mais simples, como nossa paixão por conhecimento e de onde isso vinha. No caso dele, um dos catalisadores havia sido aquela banca de jornal famosa em cima da parada de metrô da Broadway com a Rua 72, que era de familiares de Noam. No meu caso, vinha de minha avó russa, que começou a ler uma infinidade de grandes livros para mim quando eu mal tinha quatro anos de idade.

Noam me escrevia muito contando sobre a família, sobre como foi crescer nos Estados Unidos, sobre a filha que vivia na Nicarágua e sobre a adorada esposa, Carol, que também era muito gentil comigo – lendo meus primeiros textos políticos e oferecendo apoio e estímulo afetuoso e sincero. "A Carol não tinha escolha, tinha que se tornar uma grande linguista e professora. Alguém tinha que sustentar a família, e eu vivia sendo preso", explicou Noam em um *e-mail*, lembrando a era da Guerra do Vietnã.

Eu escrevia para ele contando da minha própria infância, complexa e muitas vezes inquietante, resultado de uma família multiétnica, com uma mãe de ascendência russa e asiática e um pai europeu. Conversamos sobre muitas coisas, e não só sobre nosso trabalho. Para mim, Noam era como um familiar próximo, uma figura paterna que fez tanta falta na minha própria vida, mas também um exemplo de coragem, brilhantismo e integridade.

* * *

Enquanto Noam viajava incansavelmente, visitando lugares e pessoas que precisavam de sua atenção e apoio, em algum momento decidi voltar ao meu trabalho em zonas de guerra, voltar para áreas de conflito, onde o extermínio de milhões de seres humanos era constante há décadas, séculos.

As pessoas morriam, massacradas em nome da liberdade, da democracia e de outros bordões altivos, mas ainda assim massacradas. Eu testemunhava – escrevendo, filmando e fotografando – horrores e vidas despedaçadas, eventos muitas vezes difíceis e dolorosos demais para serem descritos. Mas sentia que precisava continuar, para saber, entender e fornecer testemunho dos "lugares marginais" – relatos tão raros nestes tempos.

A grande maioria dos eventos que estavam provocando o sofrimento de um sem-número de seres humanos em todo o mundo estavam relacionados à ganância, ao desejo de governar e controlar, vindo quase que exclusivamente do "velho continente" e de sua prole poderosa e cruel do outro lado do Atlântico. A causa podia ter muitos nomes – colonialismo ou neocolonialismo, imperialismo ou ganância empresarial –, mas o nome não importa muito se a única coisa que causa é sofrimento.

Eu tinha o máximo respeito e admiração pelo trabalho de Noam, mas nunca quis segui-lo. Eu queria complementar seus esforços. Enquanto ele se engajava nas frentes intelectual e militante, eu tentava acumular provas, tanto verbais quanto visuais, nas zonas de combate e nas "cenas de crimes".

Não era possível fazer melhor o que ele já fazia, e dificilmente seria mais efetivo. Não fazia sentido copiar e reconfirmar o que Noam Chomsky já fazia de forma tão brilhante.

Em vez disso, fui para a República Democrática do Congo e Ruanda, para Uganda e Egito, para Israel, Palestina, Indonésia, Timor Leste, Oceania e muitos outros lugares que haviam sido vitimados pela pilhagem, a humilhação e a carnificina, executada ou orquestrada em capitais ocidentais. Eu tentava ilustrar, com independência, o que ele dizia e descrevia.

Durante muitos anos, Noam e eu trocamos e comparamos nossas observações. Às vezes, com frequência; às vezes, com longas pausas. Mas fazíamos isso sempre, com muito zelo. Na minha visão, lutávamos pela mesma causa, pelo direito à autodeterminação e à real liberdade para todos os povos em todo o mundo. E lutávamos contra o colonialismo e o fascismo, em todas as suas formas.

Nunca pronunciamos essas palavras e nunca buscamos nenhuma definição para nossas atividades. Para Noam, parecia que combater a injustiça era tão natural quanto respirar. Para mim, tornou-se uma grande honra e uma grande aventura trabalhar com ele e criar imagens e reportagens inspiradas nas conclusões que ele trazia.

* * *

Depois de testemunhar e analisar inúmeros conflitos, invasões e guerras atrozes em todos os continentes, fiquei convencido de que quase todos tinham sido orquestrados ou provocados por interesses econômicos e geopolíticos ocidentais. E as "informações" disponíveis sobre esses eventos homicidas e o destino de seres humanos que impérios coloniais vinham exterminando e sacrificando com indolência eram limitadas e distorcidas de forma grotesca.

As pessoas que não moram na Europa, nos Estados Unidos e em alguns seletos países asiáticos foram descritas por George Orwell como "impessoas", expressão que Noam também gosta de usar, com sarcasmo. Analisando mais de perto, fica evidente que bilhões de "impessoas" compõem, na verdade, a maioria da raça humana.

O que eu lia na imprensa ocidental não correspondia, de algum modo, ao que testemunhei ao redor do mundo. Estados feudais falidos eram exaltados como "democracias vibrantes", e regimes religiosos opressivos, descritos como países "tolerantes" e "moderados", enquanto Estados de orientação social e nacionalista eram incessantemente demonizados, seus modelos sociais e de desenvolvimento indígenas e alternativos, vilipendiados e retratados com a roupagem mais sombria imaginável.

Propagandistas brilhantes de Londres e Washington se certificaram de "proteger" o público de todo o mundo das "verdades desconfortáveis". Opinião pública, ideologia e percepções foram fabricadas. E como carros e *smartphones* produzidos em massa, foram comercializadas por meio de publicidade e propaganda.

Noam escreveu vários livros sobre a função de propaganda dos meios de comunicação em massa, essenciais para entender como nosso mundo vem sendo controlado e governado. Eu também escrevi inúmeras reportagens, apresentando exemplos de manipulação ideológica conduzida por poderes e instituições ocidentais, muitas vezes tratando de questões como manipulação nos meios de massa e propaganda.

A desinformação ocidental tinha como alvo inequívoco países que se recusavam a sucumbir às ordens ocidentais – Cuba e Venezuela, Eritreia e China, Irã, Zimbábue, Rússia – e, ao mesmo tempo, glorificava nações que violavam vizinhos em nome dos interesses ocidentais ou saqueavam seu próprio povo empobrecido: Ruanda, Uganda, Quênia, Indonésia, Arábia Saudita, Israel, Filipinas e muitos outros.

O medo e o niilismo se proliferaram em todo o mundo. Era o medo de se tornar alvo do "castigo" dos mestres ocidentais do mundo, com sua aparente onipotência. Era o medo de ficar rotulado, ser excluído ou ficar marcado.

O niilismo também foi difundido por propagandistas muito bem estabelecidos na academia e nos veículos de comunicação ocidentais. Disseminou-se por *apparatchiks* da propaganda, contratados para atacar todas as ideias e ideais independentes e progressistas que viessem de diferentes formas e cantos do mundo. O otimismo, o zelo e também os sonhos de uma organização melhor do mundo foram atacados, envenenados, desqualificados ou, ao menos, ridicularizados.

* * *

Fiquei muitas vezes desesperado, mas nunca pronto para desistir da luta. Havia muita coisa em jogo, e a exaustão pessoal parecia irrelevante.

Rodando o mundo, trabalhando dia e noite nos meus filmes e livros, eu pensava muito em Noam. Ele era o ser humano mais estável e confiável, moral e intelectualmente, que eu conhecia. E sua dedicação e coragem de se manter firme e altivo "diante dos tanques" do Império me animava e inspirava. Em determinado momento, senti o desejo ardente de unir forças com ele e sintetizar, em um diálogo, o que aprendi sobre o estado perturbador do nosso mundo.

Escrevi para ele pedindo para passarmos pelo menos dois dias discutindo nosso mundo em frente das câmeras de filmagem. Generoso, ele concordou. Bev, sua assistente magnífica, porém protetora, deu sua bênção gentil. Ia dar certo! Meu montador japonês Hata Takeshi e eu logo decidimos coproduzir a versão cinematográfica da nossa conversa. Minha editora em Londres, a Pluto Press, decidiu publicar nossa conversa em livro. De repente, tudo avançava na velocidade da luz.

Não se arrecadou nenhum recurso. Hata-san trouxe para Boston uma equipe pequena – mas extremamente profissional – de cineastas do Japão que, percebendo a importância do projeto, não pediram pagamento adiantado e atuaram com a promessa abstrata de um reembolso futuro.

De avião, fui da África à Europa e, de lá, para Santiago do Chile, embarcando em uma longa jornada de Temuco para Boston, onde seria meu encontro com Noam. Fui captando imagens pelo caminho, viajando pelos países da América Latina que foram minha casa por muitos anos; países que haviam sido devastados pelo imperialismo, mas agora, libertados, enchiam-se de repente de cor e otimismo, abertamente socialistas e livres.

Yayoi pegou um avião do Quênia para Boston para oferecer apoio e ajuda. Nossa amiga Fotini, de Boston, ajudou com hospedagem e transporte. A equipe de filmagem chegou dois dias antes do encontro. Estava tudo dando certo.

* * *

Em dois dias, foram muitas horas no MIT debatendo a responsabilidade das nações ocidentais por inúmeros ataques violentos e séculos de terrorismo que espalharam pelo mundo. Apesar do assunto doloroso e pungente, a conversa fluiu com facilidade e liberdade.

Não que concordássemos em tudo. Noam pareceu mais otimista que eu com relação à Primavera Árabe e a situação da Turquia. E, ao contrário de mim, ele parecia convencido de que o Ocidente estava finalmente perdendo o controle sobre o resto do mundo. Mas compartilhamos os mesmos valores essenciais, e a discussão se deu entre dois aliados próximos que uniram forças em uma luta pela mesma causa.

Os temas da nossa conversa foram, como sugere o título deste livro, de Hiroshima à guerra dos drones, dos primórdios do colonialismo aos métodos modernos utilizados pela máquina de propaganda ocidental. Mas essa troca também nos fez lembrar daquela banca de jornal na esquina da Rua 72 com a Broadway, em Nova York. E nos levou a Nicarágua e Cuba, à China, ao Chile e a Istambul, a muitos lugares pelos quais temos carinho.

Lancei a discussão declarando que, pelos meus cálculos, cerca de 55 milhões de pessoas haviam sido mortas após o fim da Segunda Guerra Mundial como resultado direto do imperialismo ocidental. Centenas de milhões foram massacradas indiretamente. E concluímos nossa discussão quando Noam declarou que sempre existe uma escolha: fazer alguma coisa a respeito da situação ou não fazer nada.

* * *

Durante vários meses depois da conversa, rodei o planeta, captando cenas para o filme e fotos para nosso livro. Eu queria ilustrar o que dizíamos, para que quem nos assistisse e lesse se envolvesse em nossas palavras, mas também em imagens. Durante várias semanas, compartilhei esperanças e sonhos com revolucionários e revolucionárias egípcias no Cairo e em Porto Saíde, e também frustração com a gentil população drusa das colinas sírias de Golã, ocupadas por Israel. Fotografei e filmei várias regiões de conflito na África, na Oceania e na Ásia.

Noam estava certo: era fácil desistir e declarar que não há nada que possa ser feito. Era fácil gritar para a televisão, dizer que a luta foi perdida. Mas, desse jeito, nada mudaria. E muita coisa precisava mudar para a humanidade sobreviver e prosperar. A alternativa é trabalhar dia e noite para promover transformações substanciais, para lutar por essas transformações. É mais difícil, mas também muito mais gratificante.

A jornada, marcada por trabalho e luta, era arrebatadora. O que estávamos fazendo não era sacrifício, mas sim uma alegria e um privilégio. Quando nossa conversa aconteceu, eu já tinha um relacionamento com Noam havia mais de quinze anos. Conhecê-lo, trabalhar e aprender com ele diretamente foi uma grande honra.

Depois desse nosso encontro, a vida me levou, em diversas ocasiões, para campos de batalhas e zonas de conflitos. Pensei muito em Noam, em tudo que havia sido dito. E, na minha cabeça, muitas vezes eu o consultei. Quando a situação ficava turbulenta, desenvolvi o hábito de lembrar o lema pendurado na sala de Noam: "Três paixões, simples mas de força avassaladora, governaram minha vida: o desejo de amor, a busca por conhecimento e uma insuportável compaixão pelo sofrimento da humanidade".

Kota Kinabalu, Malásia
26 *de março de* 2013
http://andrevltchek.weebly.com

APOCALYPTIC REALM

Noam Chomsky e Andre vltchek em conversa no escritó de Chomsky no MIT, em 14 de junho de 2012. (Copyright Yayoi Segi)

O legado assassino do colonialismo

ANDRE VLTCHEK

Entre 50 e 55 milhões de pessoas morreram em todo o mundo como consequência do colonialismo e do neocolonialismo ocidental desde o fim da Segunda Guerra Mundial. Pode-se dizer que esse período relativamente curto registrou o maior número de massacres da história da humanidade, sendo a maioria promovida em nome de lemas arrogantes como liberdade e democracia. Um punhado de nações europeias e outras governadas principalmente por cidadãos de ascendência europeia vêm promovendo os interesses do Ocidente – os interesses das pessoas que "importam" – contra aqueles da grande maioria da humanidade. O massacre de milhões é aceito e visto como inevitável, e até justificável. E é assustador como a grande maioria do público ocidental parece estar muito mal-informada.

Além das cerca de 55 milhões de pessoas mortas como resultado direto de guerras iniciadas pelo Ocidente, por golpes militares alinhados ao Ocidente e outros conflitos, centenas de milhões morreram indireta e silenciosamente, na miséria absoluta. Esses arranjos globais quase nunca são questionados no Ocidente e, mesmo no mundo dominado, muitas vezes são aceitos sem oposição. O mundo enlouqueceu?

NOAM CHOMSKY

Infelizmente, a concorrência para o posto de maior crime que o Ocidente já cometeu é grande. Quando Colombo chegou ao hemisfério ocidental, devia haver entre 80 e 100 milhões de pessoas em civilizações avançadas, com comércio, cidades etc. Em pouco tempo, cerca de 95% dessa população desapareceu. No que hoje é o território dos Estados Unidos, havia algo em torno de 10 milhões de indígenas, mas, no ano de 1900, segundo o censo, restavam apenas 200 mil no país. Mas tudo isso é negado. Nas principais publicações intelectuais da esquerda liberal do mundo anglo-americano, isso é simplesmente negado de forma casual e sem nenhum comentário.

Segundo a revista médica *The Lancet*, 6 milhões de crianças morrem todo ano por falta de acesso a procedimentos médicos básicos, que poderiam ser oferecidos praticamente sem custo. O número é bem conhecido. Desnutrição e doenças fáceis de tratar matam 8 mil crianças todos os dias só na África Austral – índice de Ruanda, mas todo dia. E é fácil acabar com isso.

Estamos caminhando para o que pode ser, de fato, o genocídio definitivo: a destruição do meio ambiente. E quase não se fala disso. Na verdade, os Estados Unidos estão retrocedendo nisso. Nos EUA, há hoje uma euforia com relação à possibilidade de termos cem anos de independência energética, resultado da implantação de técnicas sofisticadas de extração de combustíveis fósseis. Dizem que isso vai preservar a hegemonia estadunidense por mais um século, que vamos nos tornar a Arábia Saudita do mundo e assim por diante. O presidente [Barack] Obama falou com entusiasmo sobre isso no discurso sobre o Estado da Nação em 2012. Você vê isso em artigos alvoroçados na imprensa nacional [dos Estados Unidos], na imprensa do setor e assim por diante. Aparece algum comentário sobre os efeitos ambientais locais, como o fato de que destrói o abastecimento de água, arrasa a ecologia etc. Mas praticamente não se fala nada sobre a questão de como o mundo estará daqui a cem anos se continuarmos nessa lógica. Isso não é discutido. Esses problemas são muito fundamentais. Eles são de certa forma intrínsecos às sociedades de mercado, onde não se considera o que chamamos de externalidades: as coisas que não entram em nenhuma transação específica, aquelas que afetam os outros, não são consideradas.

ANDRE VLTCHEK

Estou presenciando o desaparecimento de vários países na Oceania (no Pacífico Sul). Passei vários anos em Samoa e viajei muito por toda a região. Vários países, como Tuvalu e Quiribáti, bem como as Ilhas Marshall, já estão pensando na evacuação em massa de sua população. Há várias ilhas e atóis que já estão ficando inabitáveis na Oceania e também nas Maldivas e em outros lugares. Quiribáti pode ser a primeira a desaparecer como país. A mídia de massa diz que esses países estão afundando. Na verdade, eles não estão afundando. O que acontece são maremotos enormes que atravessam os atóis e destroem toda a vegetação, contaminando o abastecimento de água, quando ele existe. Isso faz com que essas ilhas fiquem inabitáveis ou muito dependentes de importações para tudo, de água a alimentos.

Para minha surpresa, quando trabalhei em Tuvalu, não tinha nenhum veículo de imprensa internacional lá. Só uma equipe de filmagem japonesa gravando alguma coisa irrelevante, uma novela, no Atol de Funafuti. Isso me fez pensar: em um dos países mais afetados, que pode desaparecer muito em breve da face da Terra com o aumento do nível do mar, não tinha absolutamente nenhuma cobertura de imprensa lá!

NOAM CHOMSKY

George Orwell tinha um termo para isso: "impessoas". O mundo é dividido entre pessoas, como nós, e impessoas, todo o resto que não importa. Orwell estava falando de uma sociedade totalitária do futuro, mas isso se aplica muito bem a nós. Tem um jovem historiador diplomático britânico excelente, Mark Curtis, que usa o termo impessoas em um estudo sobre as depredações do Império Britânico no pós-Segunda Guerra. Não estamos preocupados com o que acontece com elas.

Há paralelos com o tratamento dado a populações indígenas na chamada anglosfera, as ramificações da Inglaterra – Estados Unidos,

Canadá, Austrália. São sociedades imperiais incomuns no sentido de que não apenas governaram os nativos como acabaram por eliminá-los. Tomaram suas terras e assentamentos e praticamente exterminaram a maioria. Não pensamos neles. Não perguntamos o que aconteceu com eles no passado. Na verdade, nós negamos isso.

ANDRE VLTCHEK

Historicamente, foi o que aconteceu em quase todas as colônias europeias, em todas as regiões do mundo controladas por impérios coloniais europeus. Os primeiros campos de concentração foram construídos não pela Alemanha nazista, mas pelo Império Britânico, no Quênia e na África do Sul. E, claro, o Holocausto promovido pelos alemães contra os judeus europeus e o povo roma não foi o primeiro holocausto alemão. Eles tiveram envolvimento com massacres terríveis no cone sul da América do Sul e, na verdade, em todo o mundo. A Alemanha já tinha exterminado a maior parte da tribo herero na Namíbia. Isso tudo é pouco discutido na Alemanha e no resto da Europa. Não tinha motivo nenhum para o massacre, nenhuma lógica. A única explicação era a perversidade absoluta dos alemães contra as populações locais.

Mas ouça o lamento de tantos europeus depois da Segunda Guerra Mundial, sobre como aquela Alemanha racional, filosófica e essencialmente pacífica perdeu o controle de repente, só porque passou por uma humilhação econômica depois da Primeira Guerra Mundial. Como ninguém esperava uma explosão de violência tão grande de um povo tão bom! Ora, só não esperava quem não considerava humano o povo herero, a população samoana e os mapuche, e quem podia esquecer a história colonial alemã no resto da África.

NOAM CHOMSKY

Mesmo no caso do Holocausto, o povo roma foi tratado basicamente da mesma forma que os judeus. Mas também não se fala muito disso.

De modo geral, nem a perseguição atual a esse povo é reconhecida. Por exemplo, em 2010, o governo francês decidiu expulsar habitantes roma da França, forçando-os a enfrentar a miséria e o terror na Romênia. Imagine se os franceses expulsassem judeus sobreviventes do Holocausto para algum lugar onde eles ainda estivessem sendo torturados e intimidados? O país teria um ataque de fúria. Mas isso foi aprovado sem nenhum comentário!

ANDRE VLTCHEK

Foram construídos muros para separar os roma da República Tcheca moderna. Até recentemente se construíam guetos no meio das cidades, poucas décadas atrás. Isso traz uma lembrança tenebrosa dos anos de 1930 e 1940, quando os tchecos colaboraram com os nazistas e ajudaram a cercar o povo roma. Claro, nos anos 1990, os tchecos já tinham firmado uma aliança com o Ocidente e, assim, se tornaram uma nação intocável aos olhos da mídia de massa ocidental. O tratamento dado ao povo roma na República Tcheca é muito mais brutal que qualquer coisa cometida por Mugabe contra os fazendeiros brancos no Zimbábue.

Mas voltando ao colonialismo europeu, parece que ele não desapareceu com o fim da Segunda Guerra Mundial, nem na década de 1950 ou 1960. Quanto mais viajo pelas chamadas regiões periféricas do mundo, mais tenho a impressão de que o colonialismo se consolidou por meio de uma propaganda muito melhor e com um conhecimento maior sobre como lidar com a população local. Na verdade, isso assusta bastante, porque, no passado, sempre tinha um inimigo, um vilão palpável. Era fácil definir o inimigo em um exército colonial ou diante de um governo colonial. O colonialismo continua existindo, mas parece que está muito mais difícil para as populações locais apontarem o dedo e dizerem exatamente o que está acontecendo e quem são os inimigos.

NOAM CHOMSKY

Algumas das piores atrocidades do mundo foram cometidas nos últimos anos no leste do Congo. Entre 3 e 5 milhões de pessoas podem ter sido mortas. E para quem se aponta o dedo? Elas foram mortas por milícias, mas por trás das milícias estão corporações multinacionais e governos, e estes não estão visíveis.

ANDRE VLTCHEK

Eu estou, neste momento, terminando um longa documental chamado *Rwanda Gambit*.[2] Levei mais de três anos para conseguir concluí-lo. Os números de que falamos agora são ainda maiores que aqueles que você citou: entre 6 e 10 milhões de pessoas mortas na República Democrática do Congo, o que equivale, aproximadamente, ao mesmo número de mortos no início do século XX pelo rei Leopoldo II da Bélgica. E você tem razão: embora, de modo geral, seja Ruanda, Uganda e seus representantes que assassinem milhões de inocentes, por trás disso sempre estão os interesses econômicos e geopolíticos do Ocidente.

NOAM CHOMSKY

Não dá para ver as corporações multinacionais que estão utilizando as milícias para assassinar a população e acessar o coltan que os ocidentais usam no celular, além de outros minerais valiosos. Isso é indireto. E existem muitas atrocidades e crimes que você descreve que têm essa propriedade. Mas alguns são bem diretos. Veja o Vietnã, o pior crime registrado depois da Segunda Guerra Mundial. O ano de 2011 marcou cinquenta anos desde que John F. Kennedy lançou a guerra. Em geral, cinquentenários são bem celebrados, seguramen-

---

2 Nota da Tradução: A trama de Ruanda, em tradução livre. Lançado em 2013, o filme não tinha versão oficial em português até a publicação desta edição.

te se envolverem monstruosidades. Mas, neste caso, não se proferiu uma palavra. Em novembro de 1961, Kennedy enviou a Força Aérea dos Estados Unidos para começar a bombardear o Vietnã do Sul. Ele autorizou o uso de napalm, autorizou a guerra química para destruir plantações e coberturas vegetais da região e iniciou programas que acabaram levando milhões de pessoas para as chamadas "vilas estratégicas" – verdadeiros campos de concentração – e para favelas urbanas.

Os efeitos da guerra química são sentidos até hoje. Se formos aos hospitais de Saigon – você já deve ter visitado algum –, ainda é possível ver fetos deformados, crianças nascidas com todo tipo de deformidade e anomalia terrível por causa dos venenos químicos que literalmente encharcaram o Vietnã do Sul. Mas hoje, passadas muitas gerações, não há uma preocupação com isso.

Isso também aconteceu no Laos e no Camboja. Fala-se muito sobre como o regime de Pol Pot no Camboja foi terrível, mas quase nada é dito sobre o que levou a ele. No início da década de 1970, a Força Aérea dos Estados Unidos bombardeou a zona rural do país na mesma escala das operações aéreas dos Aliados no Pacífico durante a Segunda Guerra Mundial. Eles seguiram as instruções de Henry Kissinger para promover uma imensa campanha de ataques aéreos contra o Camboja: "Tudo que voa contra tudo que se mexe". Isso é um chamado ao genocídio como aquele que você sugeriu. Vai ser difícil encontrar alguma coisa desse nível nos documentos de arquivo. Bom, saiu uma frase sobre isso no *The New York Times*, e só. A magnitude do bombardeio nunca foi noticiada, salvo em publicações acadêmicas ou marginais. Mas trata-se do massacre de milhões de pessoas, com a destruição de quatro países que nunca se recuperaram. As pessoas lá sabem disso, mas não sabem o que fazer a respeito.

ANDRE VLTCHEK

Morei muitos anos em Hanói, no Vietnã, e cobri as consequências do bombardeio de saturação na Planície dos Jarros, no Laos, pela

Força Aérea dos Estados Unidos e seus aliados, no que foi chamado de Guerra Secreta, mas também escrevi muito sobre o Camboja. E as conclusões a que cheguei são absolutamente chocantes. Como no caso de tantos outros lugares desestabilizados e assolados pelo Ocidente, houve uma campanha de desinformação obstinada conduzida pelos veículos de mídia de massa ocidentais. Durante o domínio de Pol Pot, o Camboja foi retratado como um dos exemplos mais pavorosos dos crimes hediondos cometidos pelo comunismo. A verdadeira história, o genocídio cometido contra o povo do Sudeste Asiático pelo Ocidente, foi atenuada ou totalmente omitida.

A campanha dos Estados Unidos, com uso de B52s, consistia em bombardear a zona rural de Camboja e Laos para evitar que os dois países se unissem ao Vietnã na luta por libertação. Milhões de pessoas foram assassinadas sem piedade. Até hoje tem vaca que perde a cabeça porque elas mastigam as pedras e de tempos em tempos acabam mordendo as chamadas "*bombies*" ["bombinhas"] – que ainda estão por toda parte. E, lógico, também dá para imaginar o que ainda acontece com as pessoas, com mulheres e crianças.

Há uns cinco ou seis anos, trabalhei de perto com o Mines Advisory Group [Grupo Consultivo de Minas – MAG], uma grande agência britânica de desminagem, e eles reclamavam que diversas empresas que produziam e forneciam equipamentos letais para a guerra na Indochina (uma delas é hoje uma produtora famosa de bens de consumo nacionais, sediada nos Estados Unidos) ainda se recusam a compartilhar dados técnicos sobre essas armas, o que dificulta muito o trabalho do MAG, porque eles precisam saber como desarmar o mecanismo e precisam saber quanto tempo esses dispositivos vão ficar ativos. Esse despeito, essa falta de compaixão institucionalizada, se traduz na absoluta falta de cooperação que continua matando centenas – até milhares – de pessoas nessa região, principalmente mulheres e crianças.

No Camboja, tudo começou quando os Estados Unidos implantaram um governo corrupto e ilegítimo na capital, Phnom Penh. Quando falamos das atrocidades do Khmer Vermelho, do dito comunismo, acho muito questionável, quase grotesco. Sem instrução e isolada do resto do mundo, a maior parte do Camboja não tinha a menor ideia do que era a ideologia comunista quando Pol Pot voltou da França, onde ele se radicalizou nos cafés franceses. O que me disseram no Camboja mesmo foi que, na era do Khmer Vermelho, as atrocidades estavam ligadas à retaliação promovida pela população rural contra as elites urbanas de Phnom Penh.

Na verdade, Phnom Penh estava colaborando com os Estados Unidos durante as campanhas de bombardeamento, e a população do interior do país desenvolveu um profundo ódio pelos habitantes da cidade, a quem viam como colaboradores e, muitas vezes, a causa na raiz de seu sofrimento. Quase nada tinha relação com a ideologia comunista. E não há dúvida de que mais pessoas foram assassinadas durante as campanhas de bombardeio no interior do Camboja do que pelas ações do Khmer Vermelho.

Quando tudo acabou e o Vietnã libertou o Camboja e tirou o Khmer Vermelho do poder, o embaixador dos Estados Unidos na ONU "exigiu o retorno do governo legítimo", ou seja, do Khmer Vermelho. Os Estados Unidos estavam em guerra contra o Vietnã – aliado soviético –, não contra algum regime bizarro que se autoproclamou maoísta.

Mas a campanha de desinformação do Ocidente é clara: acusar a ideologia comunista e relacioná-la às atrocidades de Pol Pot. Em uma de minhas reportagens produzidas no Camboja, argumentei que, se Pol Pot e seu grupo tivessem incentivado a população rural a matar habitantes da cidade sob a bandeira de algum time de futebol sul-americano ou por causa de algum tênis de corrida, o resultado teria sido o mesmo.

NOAM CHOMSKY

Já foi apontado por acadêmicos que o período mais pesquisado de toda a história do Camboja é, de longe, o que corresponde aos três anos do regime do Khmer Vermelho. Sabe-se mais sobre o Camboja desse período do que sobre todo o resto da história do país. Mas se você for ver, praticamente não se sabe nada sobre os anos anteriores a esse momento. O que sabemos é que o Khmer Vermelho era um grupo bem marginal em 1970, mas mobilizou um exército imenso de camponeses indignados, que, naturalmente, foram direto atrás das elites urbanas, a quem viam como os responsáveis pelos crimes de que foram alvo.

Eles não viram a mão de Washington por trás das elites urbanas. É um pouco como na questão do leste do Congo e o coltan: você não vê quem está matando você. Acho que isso é muito sugestivo no Ocidente também. Só um exemplo – grave, apesar de ser em uma escala reduzida: no estado de Wisconsin [Estados Unidos], o governador republicano[3] eliminou as convenções coletivas dos sindicatos. Houve grandes protestos e exigiu-se a realização de uma nova eleição para o governo estadual, um voto destituinte. Mas o republicano acabou vencendo o pleito. É interessante ver o porquê. Houve uma campanha de propaganda muito eficiente que convenceu a população que estava sofrendo de que a fonte de seus infortúnios eram seus vizinhos. Não os bancos, que realmente cometeram os crimes que destruíram a economia – eles estão muito distantes. O que você consegue ver é o seu vizinho que está um pouco melhor que você. Seu vizinho pode ser, digamos, um bombeiro que tem uma aposentadoria, e você não tem, então você volta a sua raiva contra ele. Não contra as pessoas que arrasaram a economia, porque elas estão em outro lugar, muitas vezes em arranha-céus em Nova York. Houve uma imensa campanha de propaganda financiada com uma quantidade enorme de dinheiro. Os nazistas fizeram isso com os judeus: "São eles os responsáveis pela sua fome e pela depressão".

---

[3] N. da T.: o autor se refere ao governador Scott Walker, que tomou a medida em 2011.

Ilha de Ebeye, nas Ilhas Marshall, exibe poluição de uma base militar dos Estados Unidos localizada próxima dali, em Kwajalein. (Copyright Andre Vltchek)

ANDRE VLTCHEK

Sim, é possível traçar um paralelo muito poderoso entre o que aconteceu no Sudeste Asiático e o que está acontecendo em Ruanda, Uganda e na República Democrática do Congo. Vemos as milícias promovendo a matança e milhões morrendo. A população local é, muitas vezes, descrita como bárbara, quase como bicho. Os governos e as corporações ocidentais estão muito longe e quase não são responsabilizados.

O que se sabe na Europa e nos Estados Unidos sobre essas ocorrências é mínimo. E a Europa é o continente que se orgulha de ser bem instruído e informado. A maioria da população africana sabe, mas os europeus, cujas empresas estão envolvidas, não sabem quase nada. Ou optam por não saber nada.

Está tudo interligado. Robert Mugabe se tornou "cruel" para o Ocidente mais ou menos no momento em que participou da reação contra a segunda tentativa de derrubada do governo da República Democrática do Congo pelas forças ruandesas – na verdade, por representantes do Ocidente. Na África Oriental, fala-se com sarcasmo sobre o Sudão do Sul ser uma recompensa dada ao presidente ugandês Yoweri Museveni por seu "bom trabalho" na região em nome do Ocidente.

No Congo, é um sofrimento inimaginável, um supergenocídio, uma coisa que hoje competiria facilmente com o que foi feito no Congo por Leopoldo II há um século.

Preciso repetir os números mais uma vez, porque eles são pavorosos, inimagináveis. Quando eu estava filmando em Washington, no ano passado, um dos candidatos a presidente da República Democrática do Congo, Ben Kalala, me disse que estamos falando de cerca de 6 a 8 milhões de pessoas. Há quem fale em 10 milhões. Ele disse: "Olha, em Ruanda, cerca de 800 mil pessoas morreram. Eu me solidarizo, porque são seres humanos, mas o mundo todo fala sobre o genocídio de 1994. No Congo, entre 6 e 8 milhões de pessoas foram assassinadas".

Isso se refere apenas aos últimos anos, que – repito – lembram muito o reinado de Leopoldo II, quando cerca de 10 milhões também morreram. Se você não desse bons resultados nas plantações de borracha, suas mãos eram cortadas, e as pessoas eram queimadas vivas em suas casas. Foi um grande alerta para o mundo a respeito do que pode ser feito tanto pelas monarquias constitucionais quanto por "democracias" multipartidárias do Ocidente. Claro, isso não aconteceu na Antuérpia nem em Bruges, mas no "coração da escuridão", longe de olhos questionadores. Então os belgas mataram na África mais gente do que a população inteira do seu próprio país.

NOAM CHOMSKY

Uma vez, por curiosidade, procurei a edição mais famosa da *Encyclopedia Britannica*. Era de 1910, por aí, e procurei o rei Leopoldo II. Tinha um verbete, claro, em que se falava das coisas maravilhosas que ele fez, como ele construiu o país e tudo mais. No fim, dizia alguma coisa do tipo "às vezes ele dava um tratamento duro ao seu povo". Sim, como, por exemplo, assassinar 10 milhões de pessoas.

ANDRE VLTCHEK

Quando fui a Bruxelas em 2011, eu me deparei com muitas estátuas de Leopoldo II. Ele ainda é muito homenageado na Bélgica, então, embora a gente saiba que o que ele fez com a população do Congo foi genocídio – mesmo para os padrões colonialistas europeus –, ele ainda é considerado um dos heróis nacionais da Bélgica.

Em algum momento, o Estado belga chegou a retirar dele e "nacionalizar" as colônias que estavam sob seu domínio pessoal. Parece até piada. Em vez de abrir mão das colônias, depois de perceber que 10 milhões de pessoas foram assassinadas, o Estado belga tomou-as do perverso monarca e começou a administrá-las por conta própria. E eu tenho certeza de que eles convenceram e reeducaram muitas pessoas congolesas a acreditarem que não tinha nada de errado em ser colonizado.

NOAM CHOMSKY

É um fato um tanto interessante que a população colonizada muitas vezes aceita e até homenageia sua própria repressão. Uma vez, em Calcutá, fui ao museu Victoria Memorial. Quando você chega lá, a primeira coisa que saúda você é uma grande estátua de *Sir* Robert Clive, uma das pessoas que destruiu a Índia. Os guias foram me mostrando um salão atrás do outro cheio de pinturas horrorosas, de britânicos espancando e humilhando indianos, e assim por diante. Depois fui à casa de chá da rainha Vitória, que tinha sido, por algum motivo, reconstituída, e é como se fosse um santuário nacional mesmo. Tudo isso era símbolo da destruição da Índia, e sabe-se lá quantas pessoas foram mortas.

ANDRE VLTCHEK

Já fui lá em diversas ocasiões. É ao mesmo tempo grotesco e revelador. Nunca vi um museu na Índia com um movimento tão bom quanto o museu Victoria Memorial. Milhares de pessoas visitam o museu regularmente, todos os dias. E a manutenção é feita com muito carinho. O Império Britânico com certeza doutrinou milhões de seus súditos. Por exemplo, na Malásia, as elites ainda fazem todo o possível para parecer mais britânicas que as pessoas do Reino Unido. Todos os monumentos dos tempos do império são preservados com todo o cuidado. Mesmo em Sabá, em Bornéu, existem salões de chá e mansões restauradas que foram transformadas em museus e que eram dos colonizadores. E o objetivo máximo dos jovens com alto nível educacional na Malásia é estudar em alguma universidade de prestígio na Inglaterra, para basicamente se livrar de suas características malaias e se aproximar o máximo possível dos antigos colonizadores. A mesma tendência pode ser observada no Quênia, onde as elites locais, aquelas que hoje saqueiam o próprio país em nome dos amos neocoloniais, se vestem como os nobres ingleses se vestiam algumas décadas atrás. Os juízes quenianos usam perucas idênticas àquelas de seus homólogos britânicos, e muitas pessoas em posição de prestígio estão imitando um sotaque inglês.

No Sudeste Asiático, há muita gente convencida de que os governos coloniais foram justos. Existe um debate totalmente patético hoje na Indonésia, na Malásia e em Singapura sobre por que a Malásia está tão à frente da Indonésia, por exemplo. Muita gente acha que é por causa do maravilhoso controle do Império Britânico na

Malásia. Muitos indonésios chegam a reclamar que os holandeses não foram tão bons colonizadores quanto os britânicos!

Você encontrava a mesma coisa até muito recentemente, inclusive no Peru. Lima foi a capital do vice-reino da Espanha e um dos centros dos crimes contra a humanidade cometidos pelo Ocidente. Na Plaza de Armas, em frente ao palácio presidencial, tinha uma estátua enorme de Francisco Pizarro. A estátua ficou lá até alguns anos atrás. Hoje, claro, o país tem um novo governo, e a estátua foi transferida para o parque. Ela ainda está lá, só não está mais na Plaza de Armas. Mas não quiseram destruí-la, mesmo hoje, em um sistema relativamente socialista ou de inclinações de esquerda. A América Latina toda está salpicada de símbolos da conquista. É como se um determinado setor da sociedade sentisse uma certa nostalgia pelo chicote colonial.

NOAM CHOMSKY

Agora já existe um pouco de reação. Por exemplo, em 1992, na República Dominicana, o governo ia promover uma celebração enorme pela chegada de Colombo, e ergueu monumentos grandes, mas acho que foram todos demolidos por forças populares.

É possível existir uma colonização intelectual e moral, assim como uma colonização política e econômica. Ela tem raízes profundas, e existem muitos outros exemplos disso. Considere, por exemplo, a situação das mulheres. Durante milênios, as mulheres aceitaram que a ordem natural ditasse que elas fossem propriedade de seus pais e maridos: nos Estados Unidos, foi só nas últimas décadas que se questionou isso de modo mais sério. Por exemplo, até 1975, as mulheres não tinham direito legal garantido de servir como juradas em tribunais federais. Se você perguntasse para minha avó, por exemplo, se ela era oprimida, ela não teria sequer entendido a palavra! Esse era o papel das mulheres, servir aos outros, e isso estava internalizado. A principal façanha da hierarquia e da opressão é convencer as impessoas a aceitarem isso como natural.

Existe consciência da história colonial entre europeus?

Cena urbana em Goma, República Democrática do Congo. (Copyright Andre Vltchek)

ANDRE VLTCHEK

Não, é grotesco como há pouca consciência. Eu vejo isso mesmo entre meus amigos espanhóis, e estou falando de pessoas que trabalham ou já trabalharam para as Nações Unidas e outras organizações internacionais de prestígio – um pessoal bem instruído. Existe uma ignorância ingênua sobre a própria história. Eu discuto até com meus amigos relativamente progressistas da mídia e do setor editorial na França sobre colonialismo francês.

Essa é a extensão disso. Uma admiração implacável pelo general de Gaulle, mesmo por parte da centro-esquerda e sua crença de que a França não foi tão ruim quanto outros colonizadores. Como se a África, a Indochina e o Caribe não existissem. Sabe, em alguns lugares, os franceses conseguiram massacrar toda a população originária, como na ilha de Granada. E as pessoas que não foram mortas pularam de precipícios para fugir dos horrores que enfrentariam nas mãos deles. E na Ilha de Páscoa, hoje território chileno na Polinésia, eles chegaram bem perto da "taxa de sucesso" de 100%.

Também acho que a percepção holandesa sobre o colonialismo na Indonésia é absolutamente primitiva, estarrecedora, doentia. Conheci uma pessoa em um bar em Phnom Penh que, depois de visitar Jacarta, ficou repetindo de cabeça erguida em estupor ébrio: "Não deveríamos ter ido embora". E o homem a quem me refiro era oficial da União Europeia!

E quase não existe percepção alemã sobre o próprio colonialismo na África. Não ouvi nenhuma discussão sobre Namíbia nem em Estugarda, nem em Munique, a não ser para falar sobre como é um destino gostoso para as férias, onde tem dunas espetaculares.

No Chile, os direitistas dizem que Pinochet fez coisas muito boas e coisas muito ruins. E é a mesma coisa que se ouve no Reino Unido sobre o colonialismo. Claro, jamais vai haver um remorso, um pesar ou uma percepção profunda de culpa com relação ao que aconteceu durante a separação entre Paquistão e Índia. Isso foi promovido, em grande medida, pelo Império Britânico e provavelmente levou ao pior ciclo de massacres da história moderna, só comparável ao golpe apoiado pelo Ocidente na Indonésia em 1965 e ao genocídio atual na República Democrática do Congo. E quase não se tem nenhuma compreensão sobre o que foi feito na África e no Oriente Médio.

Estátua do imperialista britânico Robert Clive no Victoria Memorial Hall, em Calcutá, Índia.
(Copyright Andre Vltchek)

NOAM CHOMSKY

Um grupo de médicos argelinos expatriados – um inclusive esteve aqui no MIT, então tive a oportunidade de conhecê-lo – elaborou um estudo muito detalhado sobre as atrocidades cometidas na Argélia nos anos 1990. A visão deles era de que muitas das atrocidades que foram atribuídas aos islamistas foram, na verdade, promovidas pelo governo com falsas roupas islamistas e coisas assim. Eles foram investigando os detalhes de cada caso: o padrão de massacre se dava em um bairro pobre, a alguns quilômetros de uma base militar grande, e duraria três dias sem nenhuma intervenção. Depois que todos fossem mortos ou expulsos, um general entrava no bairro e se vangloriava. Um caso atrás do outro assim... Eles acharam que eram ações arquitetadas pela inteligência francesa e me pediram para escrever uma introdução. Fiz uma apuração e compilei o máximo de indícios que consegui. Eram evidências bem convincentes, então escrevi a introdução, com um tom bem moderado, mas as implicações ficaram.

O livro acabou sendo publicado. Eles não conseguiram uma editora francesa, então tiveram de lançá-lo na Suíça. Tentaram realizar uma entrevista coletiva em Paris no lançamento, mas nenhum jornalista francês apareceu. Então o livro acabou sendo ignorado na França. Falei sobre o livro para um amigo que estava trabalhando na Biblioteca Americana em Paris. Ele comprou um exemplar e colocou na biblioteca. E me disse que era o único exemplar na França. E o livro é sobre um evento recente, as atrocidades na Argélia nos anos 1990, em que a França provavelmente teve envolvimento.

ANDRE VLTCHEK

Acho que isso é muito revelador. O problema também é que os intelectuais nos Estados Unidos acham que as pessoas são mais bem-informadas na Europa que em outros lugares, acham que elas têm uma noção muito mais ampla do que pode ser discutido. Descobri que isso talvez só aconteça com questões diretamente relacionadas aos Estados Unidos. De resto, o que se tem é uma ignorância gritante na Europa. Em geral, acho que as pessoas com instrução na Ásia, na América Latina e na África são mais bem-informadas sobre atualidades do que as europeias. Acho que os ocidentais de modo geral e os europeus em particular são extremamente doutrinados e obcecados com percepções sobre sua própria singularidade. Muitos se veem como o povo escolhido, por receberem uma educação tendenciosa e se basearem em seus veículos de mídia, sem estudar fontes alternativas.

E, para retomar, quando você me perguntou sobre qual é a situação na Europa e o quanto eles sabem sobre o colonialismo, acho que eles não sabem quase nada. Acho que a falta de conhecimento e a falta de interesse sobre o assunto é muito lamentável e reveladora. Os europeus fazem questão de se manter na ignorância com relação a seus crimes hediondos, aos genocídios que cometeram e com os quais ainda estão envolvidos. O que eles sabem sobre o que seus governos e empresas fizeram e continuam fazendo na República Democrática do Congo? Não sabem nada, simplesmente porque optam por não saber. É muito mais seguro reclamar sobre uma ajuda internacional mal gerida por governos corruptos em países pobres!

NOAM CHOMSKY

Quando você fala sobre isso, qual é a reação deles?

ANDRE VLTCHEK

Muitas vezes, ficam na defensiva. Vejo isso na França, na Alemanha, na Espanha e no Reino Unido, embora no Reino Unido haja uma massa crítica maior que em outros países europeus, talvez porque a sociedade esteja se tornando de fato multicultural. A ignorância na Europa não se restringe apenas à história colonialista, mas também se estende à história do continente europeu.

Pelourinho preservado no centro de uma cidade em Cabo Verde, onde os portugueses amarravam africanos escravizados. (Copyright Andre Vltchek)

NOAM CHOMSKY

Tive experiências muito interessantes na Espanha. Eu estava palestrando em Barcelona em 1990, cerca de quinze anos depois da morte de Franco. Mencionei eventos famosos que aconteceram em Barcelona em 1936, 1937. As pessoas mais jovens não tinham nenhuma noção da guerra civil. Só pessoas da minha idade entenderam ao que eu me referia. Logo depois, fui a Oviedo para palestrar lá. Em Oviedo, em 1934, houve um levante da esquerda e foram enviadas tropas para destruí-lo. A prefeitura foi ocupada, as pessoas foram assassinadas, essas coisas. Eu dei uma palestra na prefeitura, achando que eles conheciam a história do lugar, mas não houve nenhuma reação. As únicas pessoas que sabiam do que eu estava falando eram da minha idade. De resto, nada!

ANDRE VLTCHEK

Sim. Isso ilustra o envolvimento dos espanhóis com toda a era Franco. Na América do Sul – Chile, Argentina, Uruguai –, eles são muito mais abertos sobre o passado. O povo lá tem coragem.

NOAM CHOMSKY

Você tem razão. Visitei o México com minha filha, que morava na Nicarágua. Eu estava lendo *La Jornada*, que eu acho um jornal muito bom, e tinha uma matéria sobre um dicionário biográfico nacional que tinha acabado de ser lançado na Espanha, publicado na Academia Espanhola, uma publicação de prestígio. Tinha um verbete inteiro sobre Franco, claro, e ele foi descrito como um nacionalista conservador que foi bom para o país. [Juan] Negrín, em contraste, foi descrito como criminoso.

Ocultando os crimes do Ocidente

ANDRE VLTCHEK

Estou trabalhando com estatísticos para tentar estipular o número de pessoas que desapareceram depois da Segunda Guerra Mundial em decorrência do colonialismo e do neocolonialismo. Como comentei no início da nossa conversa, parece que esse cálculo fica em torno de 50 a 55 milhões. No entanto, não deve importar muito qual é o número exato, se são 40 milhões ou 60 milhões. A magnitude desse impacto é absurda, mas, de alguma forma, a cultura ocidental consegue ficar impune a esses crimes e continua convencendo o mundo de que teria algum tipo de autoridade moral, como se tivesse o direito de dar ordens ao mundo por meio de suas organizações e mídias, por seus próprios valores. Como isso é possível?

NOAM CHOMSKY

Saiu um livro na França, em 1997, chamado *O livro negro do comunismo*, que foi rapidamente traduzido para o inglês e aclamado pela crítica de toda parte. O livro alegava que o comunismo fez 100 milhões de vítimas, e como as pessoas podiam ser tão más, que isso era inimaginável, etc., etc. Bom, vamos pular o questionamento sobre a validade dessa análise – digamos que esteja correta. As principais acusações são feitas contra a China, principalmente por causa da grande fome, período em que se estima terem morrido entre 25 e 30 milhões de pessoas, e o debate sobre isso foi marcado pela absoluta indignação. Na mesma época, foram publicados diversos estudos acadêmicos de pessoas muito famosas, como Amartya Sen, vencedor do Prêmio Nobel de Economia e especialista em fome. Sen, com outro economista da Índia, produziu um estudo comparativo interessante. Eles compararam Índia e China, desde a libertação no fim dos anos 1940 até 1979. O estudo parou em 1979 porque foi quando começaram as chamadas reformas capitalistas na China, então eles limitaram a comparação ao período maoísta. O que eles descobriram foi que 100 milhões de pessoas morreram na Índia capitalista democrática, quando se compara com a China durante esse período, pelo simples fracasso da Índia de implementar reformas na saúde e na educação e criar programas de auxílio a produtores rurais, e assim por diante. Na verdade, o que eles afirmam é que, a cada oito anos, a Índia matou o mesmo número de pessoas que a China matou durante seus anos de vergonha, durante a grande fome. E eles apontam que os dois são crimes políticos e têm a ver com a natureza do sistema socioeconômico e político que foi instituído. Bom, e isso falando de um país só, a Índia, com 100 milhões de mortes. Se Sen fizesse a mesma análise em todo o mundo sob o chamado capitalismo democrático, os números seriam assombrosos.

Eu me lembro de que, quando Amartya Sen ganhou o Prêmio Nobel, fui entrevistado por muita gente e repeti muito isso. Encontrei só uma pessoa da imprensa a mencionar o assunto – um jornalista indiano. Já os crimes do comunismo... Aí não só lamentamos como não conseguimos nem imaginar como foram hediondos. Como pode o ser humano afundar a um nível tão baixo e ainda assim não conseguir ver o que está diante dos olhos? A única coisa que todo mundo vê e, ainda mais, menciona é a fome chinesa. Isso exige uma cegueira seletiva notável por parte das pessoas com quem convivemos. A roda de professores, os conselhos editoriais, entre outros, não conseguem enxergar. É igual a quando a *New York Review of Books*, principal publicação intelectual de inclinação de esquerda liberal, publica, sem alvoroço, um artigo afirmando que, quando

Colombo chegou ao hemisfério ocidental, havia talvez 1 milhão de pessoas, caçadores-coletores que passavam dificuldades e tudo mais... Erraram o número em dezenas de milhões. Essas pessoas não desapareceram do nada, sabe? Mas não se fez um comentário...

ANDRE VLTCHEK

Tem uma pesquisa muito interessante sendo desenvolvida hoje por Geoffrey C. Gunn, um dos meus amigos da Universidade de Nagasaki, no Japão. Na verdade, ele está escrevendo um livro sobre a fome chinesa e o impacto da política colonial ou imperial japonesa. Não que os japoneses tivessem desencadeado a fome de propósito, mas eles movimentaram recursos e mudaram a estrutura da distribuição chinesa de alimentos no fim da guerra. Gunn argumenta no livro que isso não teve nada a ver com a ideologia comunista, mas com o imperialismo japonês.

NOAM CHOMSKY

Existem livros no Japão hoje que negam o Massacre de Nanquim. E, na verdade, os Estados Unidos contribuíram para essa amnésia. No fim da Segunda Guerra Mundial, eles controlavam a maior parte da Ásia e do Japão. Ocuparam o Japão e conseguiram basicamente comandar a Ásia, e tinha até um tratado de paz – o Tratado de São Francisco –, no qual os Estados Unidos insistiram para que os crimes japoneses fossem limitados àqueles de 7 de dezembro de 1941. Nenhum acontecimento dos dez anos anteriores poderia ser discutido. A consequência disso foi que os países asiáticos independentes se recusaram a participar, com exceção das Filipinas – que era praticamente uma colônia – e talvez o Ceilão, ainda sob ocupação britânica na época. Mas a Índia não participou, a Indonésia também não, porque os EUA estavam apagando os grandes crimes do Japão. Como os Estados Unidos não tinham sido afetados, para eles, nada daquilo tinha acontecido. Os crimes só tinham afetado as impessoas.

ANDRE VLTCHEK

A mesma situação está acontecendo agora em Ruanda. A mesma estrutura do tribunal situado em Arusha (TPIR), o mesmo princípio de que existe um período de tempo para se discutir os crimes que podem ser discutidos, enquanto o lado que nós apoiamos – a FPR e Paul Kagame – é excluído do processo.

NOAM CHOMSKY

Se olharmos para os tribunais internacionais, na maioria esmagadora, as únicas pessoas que são denunciadas são africanas, e mais um ou outro inimigo do Ocidente, como [Slobodan] Milošević. E entre os africanos, são sempre aqueles do lado de que não gostamos. Mas será que não se cometeu nenhum outro crime nos últimos anos?

Veja a invasão do Iraque. Não há possibilidade de se considerar nada como crime. Esqueça Nuremberg e todo o direito internacional moderno. Na verdade, tem um motivo jurídico para isso, que não é muito conhecido. Os Estados Unidos deram imunidade a si próprios nesse processo penal. Quando reconheceram o Tribunal Internacional em 1946, os Estados Unidos basicamente deram início à Corte Internacional de Justiça moderna. O país aderiu ao tribunal, com a ressalva de que não poderia ser julgado por nenhum tratado internacional – ou seja, nem pela Carta das Nações Unidas, nem pela Carta da Organização dos Estados Americanos, nem pelas Convenções de Genebra. Os Estados Unidos concederam imunidade a si próprios para não serem julgados em nenhuma dessas questões. E a corte aceitou isso. Então, por exemplo, quando a Nicarágua processou os Estados Unidos no tribunal internacional por ataques terroristas contra a Nicarágua, a maior parte do caso foi julgada improcedente porque invocava a Carta da Organização dos Estados Americanos, que proíbe duramente processos de intervenção, mas os Estados Unidos não estão sujeitos a ela, então a corte aceitou o argumento da defesa.

Na verdade, o interessante é que a mesma coisa aconteceu no julgamento em que a Iugoslávia denunciou a Otan pelo bombardeio junto à Corte Internacional de Justiça, se não me engano. Os Estados Unidos se excluíram do caso, e o tribunal aceitou, porque uma das acusações dizia que tinha sido um genocídio. Só que quando os Estados Unidos assinaram a Convenção [para a Prevenção e Repressão do Crime] de Genocídio depois de quarenta anos, fizeram a ressalva de que a acusação era "inaplicável aos Estados Unidos". Portanto, a corte corretamente liberou os Estados Unidos do processo penal. Existem literalmente barreiras legais estabelecidas só para o caso de alguém ousar tentar denunciar os poderosos. Tenho certeza de que você se lembra de quando o Tratado de Roma foi assinado e o Tribunal Penal Internacional foi criado. Os Estados Unidos se recusaram a participar. E não foi só isso. O Congresso aprovou um projeto, que o governo Bush sancionou com satisfação, que autorizava a Casa Branca a invadir Haia caso algum de seus cidadãos fosse levado ao tribunal. Na Europa, essa lei às vezes é chamada de Lei da Invasão da Holanda. Bom, esse projeto foi aprovado aqui com entusiasmo, então a autoimunidade está em muitos níveis. Um nível é a impossibilidade de perceber, da mesma forma como quando se nega o que aconteceu com a população indígena nos Estados Unidos, quando não se consegue enxergar, mesmo estando diante dos olhos. O outro é a fortaleza real promovida pela legislação.

ANDRE VLTCHEK

Veja os ataques contra a China. Sempre que a China comete algum erro, por menor que seja, como os desastres na mineração na Zâmbia, que tiveram envolvimento de suas empresas e várias pessoas morreram – várias, não milhões –, o país vira alvo de propaganda negativa promovida pela imprensa local e internacional. E aí a tragédia de várias pessoas que podem ter morrido em um acidente na mineração de repente é elevado ao mesmo patamar da tragédia de centenas de milhões assassinados pelos poderes coloniais e neocoloniais ocidentais.

NOAM CHOMSKY

Sistemas de propaganda muito sofisticados foram desenvolvidos nos últimos cem anos, e eles colonizaram mentes, incluindo as mentes de quem exerce a opressão. Por este motivo as classes intelectuais do Ocidente, em geral, não conseguem enxergar isso. Um exemplo interessante, que me impressionou ao longo dos anos, tem a ver com o Leste Europeu e dissidentes da região. Dissidentes do Leste Europeu, como Václav Havel, têm popularidade e são reverenciados no Ocidente. E sem dúvida sofreram, muitos foram presos. Por outro lado, devem ser os dissidentes mais privilegiados do mundo. Eles foram venerados por todo o sistema de propaganda ocidental. Nenhum dissidente de nenhum outro lugar recebeu o mesmo tratamento. Houve alguns casos muito reveladores após a queda do Muro de Berlim, como o que aconteceu em São Salvador logo depois: seis intelectuais proeminentes da América Latina, padres jesuítas, foram brutalmente assassinados na universidade jesuíta pelo Batalhão Atlacatl, unidade de elite do exército salvadorenho, que já tinha matado não sei quantas milhares de pessoas.

O batalhão tinha acabado de voltar de um treinamento de atualização na Escola Especial de Guerra John F. Kennedy, na Carolina do Norte. Na volta, sob ordens explícitas do alto comando, que estava em contato próximo com a embaixada dos Estados Unidos, a unidade foi enviada à universidade para assassinar esses padres e todos que estivessem lá. E assim eles mataram a empregada e a filha para que não houvesse testemunhas. Logo em seguida, Václav Havel veio aos Estados Unidos e se pronunciou em uma sessão conjunta do Congresso, onde foi simplesmente ovacionado, sobretudo ao descrever os Estados Unidos como defensores da liberdade. Foi isso que ele disse, "defensores da liberdade", que tinham acabado de cometer um massacre brutal contra meia dúzia de dissidentes como ele em um lugar habitado por impessoas. Nenhum comentário. Quem mencionou o evento notável e esclarecedor foi denunciado.

O contrário seria inconcebível. Se Havel e meia dúzia de seus companheiros tivessem sido assassinados com requintes de crueldade por forças de segurança treinadas e armadas pelos russos, e depois o padre Ellacuría, um dos jesuítas mortos, fosse à Rússia e se pronunciasse em uma sessão conjunta na Duma elogiando o país como defensor da liberdade, o mundo teria explodido em fúria. Mas esse caso é invisibilizado, não importa quantas vezes é mencionado. E mesmo quando é percebido, só desperta uma onda de histeria.

Acho que isso representa uma diferença bem expressiva entre o comportamento dos intelectuais do Leste Europeu e da América Latina. No geral, os europeus orientais se preocupam consigo e afirmam: "nós sofremos". Os latino-americanos são muito mais humanistas e internacionalistas. Seria inconcebível que o padre Ellacuría fizesse o que Havel fez. Acho que isso vem do fato de que, apesar de terem recebido um tratamento muito duro, também foram favorecidos e venerados. Visitá-los no Leste Europeu virou uma medalha de honra para os ocidentais. Eu também tentei ir para lá, mas minha entrada foi negada, porque não aceitaram meu pedido de visto. Por outro lado, quem foi à América Central na época em que estávamos assassinando intelectuais e outros inumeráveis com certeza não foi considerado tão nobre assim. Pelo contrário, foi ridicularizado como "sandalista" e outras coisas.

E tem muito mais. Por exemplo, tem uma comunidade de refugiados de origem maia da Guatemala localizada a alguns quilômetros daqui [em Cambridge, no estado de Massachusetts]. Até hoje eles fogem da calamidade deixada há trinta anos pelo que foi praticamente um genocídio nas terras altas do país durante o governo [Ronald] Reagan. O general que estava no comando na época está sendo julgado hoje, mas não se fala de Reagan. O presidente elogiava esse general como um homem absolutamente dedicado à democracia e dizia que ele era alvo de acusações infundadas feitas por grupos de direitos humanos comandados por "esquerdistas". Existe uma revolta muito grande contra a imigração ilegal, mas por que as pessoas fogem? Ora, não podemos olhar para isso, porque tem muito sangue nas nossas mãos, então é tudo esquecido. Laos, Camboja – pode escolher entre mil casos iguais a esses.

Mídia e propaganda

ANDRE VLTCHEK

Quando dou entrevista na China, não sou censurado. Isso, na verdade, é uma grande surpresa, porque eu vivo dizendo que eles deveriam seguir o exemplo da América Latina e voltar ao comunismo sem o peso da Revolução Cultural. E essa declaração é publicada. Eu dei entrevista para a CCTV – o canal nacional de lá – e fiquei meia hora falando sobre assuntos bem delicados. E senti muito mais liberdade em Pequim do que nas entrevistas que dou para a BBC, porque a BBC não me deixa falar sem antes exigir um relatório completo do que exatamente eu tenho a intenção de dizer.

NOAM CHOMSKY

Já dei entrevistas para a televisão de lá, e meus amigos da China disseram que a tradução foi correta. Não cortaram nada, mesmo no caso de declarações bem críticas. Também tive a mesma experiência no Irã. Já dei entrevista para a Press TV algumas vezes. Ao falar sobre o Irã, tomei o cuidado de fazer uma crítica ao regime. A programação é transmitida em inglês, então eu conseguia entender. Assisti depois, e não cortaram minha fala.

ANDRE VLTCHEK

Tive a mesma experiência quando o *Iran Times* me entrevistou algum tempo atrás. Não censuraram nada. O que acontece na verdade, Noam, é que, no Ocidente, as pessoas estão muito acostumadas a se achar muito democráticas na forma como a nossa mídia é comandada e na cobertura que faz. Mesmo sabendo que não é assim, inconscientemente torcemos para que ainda seja de alguma forma melhor que em outros lugares. Chega a ser chocante quando percebemos que lugares como China, Turquia e Irã publicam matérias menos editadas ou menos censuradas que aquelas que saem nos nossos veículos da mídia hegemônica. Explico: a televisão e os jornais chineses são muito mais críticos ao sistema político e econômico do país do que nossas redes de TV e nossos jornais são com relação aos nossos países. Imagine se a ABC, a CBS ou a NBC fosse ao ar e começasse a questionar as bases do capitalismo ou o sistema parlamentar ocidental.

NOAM CHOMSKY

Existem outras formas de censura aqui também. Nossa mídia tem técnicas que não são exatamente censura, mas impedem que se diga qualquer coisa. Aprendi um termo com o diretor de jornalismo do Ted Koppel, âncora do *Nightline*, um dos maiores programas jornalísticos da ABC. Uma vez perguntaram a ele em uma entrevista por que eu nunca era chamado para o programa. E ele tinha uma boa resposta. Disse que um dos motivos era porque "o Chomsky fala de um jeito que parece de Netuno", "ninguém entende o que ele fala". E aí disse que outro motivo era que "ele" não tinha concisão. Como assim? Eu nunca tinha ouvido aquele termo, mas é interessante. O que ele significa é que você precisa falar de um jeito que possa ser encaixado entre dois comerciais. Então você pode falar três frases. Se quiser falar em três frases que a China é um Estado totalitário, pode dizer, entendeu? Se quiser dizer algo do tipo "os Estados Unidos são o maior Estado terrorista do mundo", não vão impedir você de falar isso, mas vai parecer mesmo que você veio de Netuno, porque não vão dar mais cinco minutos para sua explicação.

Então você tem duas opções: repetir a propaganda, repetir a doutrina padrão ou parecer uma pessoa lunática. É praticamente só isso que você pode fazer. Então claro que tudo acaba ficando meio monótono. Acho que não tem nenhum programa de canal comercial em que as pessoas consigam manter meia hora de discussão.

ANDRE VLTCHEK

Não tem e, se tiver, vai ter comercial, o que reduz essa meia hora para vinte minutos, se muito. Não faz muito tempo, fui convidado para participar do programa *World Have Your Say*, da BBC, de novo para falar sobre a China. A chamada era absolutamente ridícula e desrespeitosa: "A China deve ser respeitada?". Eles convidaram dez comentaristas para discutir se o país com a maior população e uma das culturas mais antigas do mundo deveria ou não ser respeitado. E eles sequer acharam isso ridículo.

NOAM CHOMSKY

E você teve cinco ou dois minutos?

ANDRE VLTCHEK

Não tive nem isso. Convidaram algumas pessoas do Departamento de Estado dos Estados Unidos e alguns acadêmicos, e aí era para ser comigo e algum intelectual da África que por acaso era bem favorável aos chineses. Antes de me deixarem falar – e isso aconteceu algumas semanas depois de eu aparecer na CCTV, onde tive liberdade total –, a BBC me chamou a ouvir, e aí ficou um longo silêncio. Eu tive que ficar sentado na frente do meu computador – foi pela internet, eu estava com fone de ouvido, em Jacarta, numa espera interminável até me chamarem para falar.

Por fim me conectaram, e fiquei uns três ou quatro minutos ouvindo só bobagem de propaganda contra a China. Eu não podia falar, era via de mão única, eu só podia ouvir. E aí ouvi uma vozinha vinda lá de Londres: "Senhor Vltchek, está pronto para entrar?" Respondi: "Estou, sim." "O que o senhor vai dizer?", perguntaram. Falei: "Bom, vou falar no ar daqui a alguns segundos... A senhora vai ouvir". "Ah, não, não", ela se opôs educadamente. "O senhor poderia nos dizer, por gentileza?". Resumindo a história, não me deixaram entrar no ar.

Eu acabei falando o que queria dizer, que o que eles – a BBC – estavam fazendo era desrespeitoso e prepotente, e isso lembrava milhões de pessoas de todo o mundo a respeito do passado colonial britânico e de sua atitude com relação às populações "locais" ou inferiores. Falei que isso era o equivalente a alguém perguntar se o Reino Unido deveria ser ou não respeitado, em que a discussão consequente se concentraria somente no fato de que o país matou pessoas no Afeganistão e no Iraque. E mesmo isso seria muito mais objetivo do que a discussão que a BBC estava conduzindo sobre a China. Eles me agradeceram e não me deixaram entrar no debate. Depois uma pessoa da produção me escreveu um e-mail lamentando a situação.

NOAM CHOMSKY

Não deixaram você falar?

ANDRE VLTCHEK

Não. E eu estava lá, tinha recebido um convite oficial para participar da discussão por uma pessoa da produção da BBC. O que me impressionou na verdade foi que eles devem ter todo um exército dessas pessoas, treinadas para selecionar os convidados que vão entrevistar. Os censores, ou "equipe de seleção", precisam ser muito rápidos e muito bons no que fazem. Uma pessoa sozinha não dá conta. Provavelmente muitas pessoas – se não a maioria – são selecionadas assim, com exceção das pessoas do *establishment* político ou empresarial. Claro, em um país como a Tchecoslováquia, depois que o sistema caiu, as pessoas que faziam esse trabalho receberiam vários nomes. Mas, no Ocidente, é tudo considerado muito normal e legítimo.

NOAM CHOMSKY

Na verdade, eu fui convidado para participar do *Nightline* uma vez, na época da queda do Muro de Berlim. Eles me ligaram e disseram: "O senhor quer participar?". Perguntei: "Vou ter quanto tempo?". Responderam: "Alguns minutos". Imaginei que estaria tudo armado, então disse: "Desculpe, não vou poder participar". Alguns minutos depois, recebi uma ligação do meu amigo Alex Cockburn, que me contou que tinham acabado de ligar para ele do *Nightline*, e ele me perguntou se eu achava que ele deveria participar. Eu falei: "Acho que não, só estão armando para cima de você". Mas ele decidiu participar mesmo assim.

E aí fui assistir ao programa. O que aconteceu foi mais ou menos o seguinte. O programa começou mostrando uma multidão comemorando a queda do Muro de Berlim, sabe, aquele alvoroço. E aí perguntaram para o Cockburn, que estava sentado em algum estúdio: "Bom, senhor Cockburn, o que o senhor tem a dizer com relação a isso?". Sabe, sugerindo: "Como o senhor vai encarar isso?". Ele conseguiu falar umas duas frases e já cortaram: "Obrigado, senhor Cockburn!". E já voltaram para a comemoração, depois de conseguir tirar um "simpatizante do comunismo" do caminho, mostrando-o como uma pessoa que se recusava a comemorar. Foi uma coisa construída com muito cuidado.

ANDRE VLTCHEK

Também é muito interessante como o sistema é à prova de bala, porque normalmente os "camaradas" do Leste Europeu cometeram muitos erros pelo caminho, passaram ridículo... Mas o sistema aqui é muito sólido.

NOAM CHOMSKY

Sim, é muito sofisticado. Lenin e os leninistas tentaram imitar, nos primeiros anos, o exemplo da publicidade comercial estadunidense.

Mas foi tão desastrado que não deu certo. Por outro lado, quando os nazistas fizeram isso, foi muito eficiente.

ANDRE VLTCHEK

De certa forma, os alemães nazistas construíram seu sistema em interação com os Estados Unidos. Os nazistas faziam parte do Ocidente. E muitos conceitos europeus e estadunidenses foram inspirações para eles, principalmente os conceitos relacionados ao colonialismo e à produção em massa, e também à publicidade, como você citou, porque a publicidade é uma forma muito eficiente de propaganda.

NOAM CHOMSKY

As duas fazem parte da mesma cultura ocidental geral. E, como você disse, no fim das contas as pessoas não davam ouvidos à propaganda russa. Não acreditavam nela.

ANDRE VLTCHEK

É incrível como a propaganda soviética era ruim, e como a propaganda chinesa é ruim. É por isso que, apesar das imensas conquistas das últimas décadas, os chineses estão perdendo a batalha ideológica contra o Ocidente. Eles não conseguem competir com a propaganda ocidental. Não quero extrapolar e dizer que a Praça da Paz Celestial foi um dos subprodutos dessa situação, mas fica claro que o que o mundo pensa é o que ficou sendo repetido sem parar no subconsciente pela propaganda ocidental durante anos, décadas, séculos. E a propaganda oficial chinesa e comunista é tão fraca que não consegue nem defender os próprios países, quanto mais influenciar os ocidentais para mudarem seu sistema político, social e imperialista – coisa que já passou da hora de acontecer.

Os soviéticos nunca conseguiram incutir no inconsciente coletivo que foram eles que facilitaram a libertação de dezenas de países em todo o mundo, e que basicamente apoiaram todos os grandes movimentos de resistência contra o imperialismo e o colonialismo em todos os continentes. Sem falar do fato de que foram eles que carregaram o maior fardo de derrotar o nazismo e, portanto, salvar o planeta.

Mas é a propaganda ocidental que tem a capacidade de mobilizar as massas para quaisquer fins ou objetivos em qualquer lugar do mundo. Pelos motivos que forem, ela consegue desencadear golpes, conflitos, uma violência terrível e um "empenho pela mudança". Ela pode chamar o mais pacífico grande país do planeta de mais violento, pode descrevê-lo como uma ameaça real à paz mundial e pode chamar um monte de nações ocidentais que há séculos aterrorizam o mundo de verdadeiros defensores da paz e da democracia. E quase todo mundo acredita. Quase todas as pessoas do Ocidente acreditam. A maioria das pessoas do planeta acredita, porque a propaganda ocidental é muito perfeita, muito avançada. E China, Venezuela, Rússia, Irã, Bolívia, Cuba, Zimbábue e Eritreia não são as únicas vítimas disso, naturalmente. Qualquer país que se oponha aos interesses ocidentais se torna um alvo legítimo.

NOAM CHOMSKY

Passei uma semana no Laos em 1970. Foi a primeira vez que tive uma experiência real com jornalistas em campo. No geral, quase não havia jornalistas ocidentais no Laos, mas [Richard] Nixon tinha acabado de fazer um grande discurso declarando que os tanques norte-vietnamitas estavam indo para Vientiane. E aí vários jornalistas foram para lá, todos os figurões, incluindo pessoas importantes da CBS, do *The New York Times*, da BBC. Só tinha dois hotéis onde eles podiam ficar, e eles passaram a maior parte do tempo no bar.

Assim que desci do avião, fui recebido por um funcionário do International Voluntary Services que estava muito envolvido com o Laos. Ele conhecia o país, morava em um povoado e foi a pessoa que denunciou o caso dos bombardeios na Planície dos Jarros, então ele me pegou assim que desci do avião. Fazia anos que ele tentava chamar a atenção das pessoas para aquilo. Eu passei basicamente a semana toda circulando com ele. Fomos a campos de refugiados. Foi logo depois que a CIA expulsou cerca de 30 mil pessoas da Planície dos Jarros e elas foram para campos de refugiados espalhados por Vientiane. Era a primeira vez que se tinha a oportunidade de apurar o que estava acontecendo lá. As pessoas tinham passado dois anos vivendo em cavernas, as histórias eram horríveis. Poucos jornalistas iam até lá.

ANDRE VLTCHEK

Os Estados Unidos penetravam as cavernas com mísseis, matavam centenas, às vezes milhares de civis que se escondiam nelas. Algumas cavernas são, na verdade, imensas valas comuns. Conversei com várias pessoas que conseguiram sobreviver.

NOAM CHOMSKY

Sim, os mísseis foram lançados e quem sobreviveu descreveu o que aconteceu. Pelo menos algumas pessoas sobreviveram nas cavernas. Elas contaram histórias que finalmente, depois de anos, vieram à tona. Então eu passei bastante tempo nos campos. Em Vientiane, conheci quadros clandestinos do Pathet Lao, pessoas do governo que, na verdade, eram simpatizantes do Pathet Lao e do povo laosiano, muitas coisas interessantes. Mas também fui à Embaixada dos Estados Unidos. A história que os jornalistas estavam repercutindo era de que havia 50 mil soldados norte-vietnamitas no Laos, e por isso os Estados Unidos estavam bombardeando a Trilha Ho Chi Minh, enquanto, na verdade, eles estavam atacando a Planície dos Jarros. E aí eu tive curiosidade de saber: de onde tinha saído aquela história? Nenhum jornalista conseguiu me explicar.

Eles não sabiam, só repetiam a história. O que diziam para eles nas coletivas das cinco da tarde era o que eles colocavam nas matérias. Eu fui à embaixada e pedi para falar com o "comissário político", ou seja, o agente da CIA. Aí o sujeito desceu, e era muito simpático.

Ele perguntou o que eu queria. Respondi que tinha interesse em investigar a origem das informações daquelas matérias. Ele disse "ah, ótimo", e me levou a uma sala, trouxe um monte de documentos e explicou: "Não pode tirar cópia, mas você pode anotar o que quiser." E foi o que eu fiz, e ele me disse que eu era a primeira pessoa a fazer aquela solicitação.

Acontece que tinha um relatório dizendo que talvez um batalhão de 2.500 soldados norte-vietnamitas estaria em algum lugar ao norte onde os Estados Unidos tinham uma estação-radar, que estava sendo utilizada para bombardear o Vietnã do Norte. E era isso a história. E quase nenhum jornalista visitou os campos de refugiados. Apareceu um correspondente contratado pelo *Far Eastern Economic Review*, mas quase nenhum dos outros sujeitos que foi ao país para o grande espetáculo quis ir até lá. Eles não se importavam.

Todo dia, um grupo de estadunidenses loiros altos descia para tomar café da manhã no hotel às seis da manhã. Depois eles sentavam em algum canto e desapareciam. Voltavam lá pelas cinco da tarde e tomavam uma bebida ou faziam o que queriam. Era fácil para qualquer pessoa adivinhar que eram pilotos da Air America, a fachada da CIA, que provavelmente saíam para bombardear a Planície dos Jarros, mas ninguém questionava nada. E, na verdade, quanto a toda essa história de supostos tanques norte-vietnamitas... Enquanto eles bebiam no bar, estavam sempre rindo disso. Mas as matérias eram publicadas mesmo assim. Foi a maior constatação de como o jornalismo feito por correspondentes internacionais às vezes funciona.

Havia uma ou outra exceção, algumas pessoas que atuaram por conta própria, gente muito boa que fez um trabalho sério e dedicado. Mas, no geral, os outros não queriam saber. Eles queriam repetir o que falavam para eles na coletiva das cinco da tarde e depois tomar um drinque e curtir Vientiane. Mas foi um choque. Não sei se hoje está pior.

Monumento à Guerra Americana em Hanói, Vietnã. (Copyright Andre Vltchek)

ANDRE VLTCHEK

Hoje quase não existe jornalismo independente, a não ser na mídia eletrônica e em alguns poucos veículos impressos que estão completamente falidos. A maioria não consegue nem pagar os repórteres.

NOAM CHOMSKY

Uma vez, eu estava em Islamabad na época em que os Estados Unidos invadiram o Afeganistão. Islamabad era o único lugar aonde os jornalistas podiam ir para chegar perto do conflito. Então a cidade estava cheia de jornalistas, todos tentando cobrir a situação do Afeganistão, e a história era a mesma: ficavam sentados no bar do hotel se divertindo. Teve um episódio em que um míssil estadunidense destruiu a redação da Al Jazeera em Cabul, e eles disseram: "Ah, foi um erro". Todos os jornalistas que estavam lá riram disso. Todos acharam normal que tentaram destruir o prédio, mas nenhum quis dar a notícia. Só noticiavam na mesma linha. Isso foi no Afeganistão, mas já vi isso acontecer na Cisjordânia e na América Central. Muitos repórteres não saem para a rua, com algumas exceções corajosas e honrosas.

ANDRE VLTCHEK

É a mesma coisa em todo lugar. Já vi isso acontecer na Indonésia, claro, na Índia durante os massacres de Gujarat e no Sri Lanka. Já cobri muitos – muitos – conflitos e o que percebi foi que existe uma imensa disciplina na cobertura de eventos que não deveriam ser acompanhados ou deveriam ser de determinada maneira. No início, quando comecei a atuar com jornalismo sério e a trabalhar com todo tipo de veículo de comunicação de massa, como ABC News e Asahi Shimbun no Japão, achei que pelo menos às vezes eu poderia fazer coberturas adequadas. Eu estive no Timor-Leste em meados dos anos 1990 pela ABC News – a dos Estados Unidos, não da Austrália. Tentei cobrir o massacre de Ermera. Fui preso. A maior parte dos meus filmes foi confiscada. Fui torturado. Depois acabei sendo solto. Mas a ABC não se interessou e não quis dar nada sobre o assunto. Eu falei: "Olha, a gente pode voltar, eu sei um jeito de entrar com uma equipe inteira em Díli". Mas não teve apetite, nenhum interesse, nenhuma continuidade.

NOAM CHOMSKY

Eu tinha um grande amigo, Charlie Glass, que foi correspondente da ABC TV no Oriente Médio durante muitos anos. Ele era uma pessoa muito boa, mas meio rebelde. Não aceitava seguir o que o canal estabelecia, então acabaram se livrando dele basicamente. Em 1986, na noite do bombardeio da Líbia, ele me ligou de Trípoli por volta das seis e meia da tarde e disse: "Assiste ao jornal das sete hoje". Naquela época, o principal jornal dos três canais passava às sete da noite, e ele sabia que eu nunca assistia televisão, mas pediu: "Assiste hoje". Ele não podia dizer o motivo. Liguei o televisor às sete horas. Exatamente às sete horas, começou o bombardeio. Todos os canais estavam lá.

ANDRE VLTCHEK

Eles já sabiam.

NOAM CHOMSKY

Exatamente. Todos os grandes canais. E não foi uma proeza logística qualquer. Foi um voo de seis horas de Londres, porque a França não deixava atravessar o território do país, então eles tiveram que contornar pelo Atlântico. Eles cronometraram o bombardeio para passar no horário nobre. E aí o que aconteceu foi que você assistiu a toda aquela emoção em tempo real, e depois corta para o Pentágono. Um comentário sério do Pentágono, depois corta para o Departamento de Estado. Eles deram uma hora de propaganda de graça para o governo. Todo mundo sabia, por isso todas as agências de notícias estavam lá. Ninguém chamou atenção para o fato de que tinha sido a primeira vez na história que um bombardeio tinha sido agendado para acontecer no horário nobre.

ANDRE VLTCHEK

Aconteceu uma coisa parecida no bombardeio de Belgrado depois.

NOAM CHOMSKY

Lá bombardearam a torre de televisão. Alguns grupos de direitos humanos levantaram críticas, só que responderam: "Ah, então, foi legítimo, porque era uma agência de propaganda. Eles estavam noticiando".

Na verdade, isso também aconteceu em Faluja. Vamos lembrar que, quando os Estados Unidos invadiram, a primeira coisa que os fuzileiros navais fizeram no assalto a Faluja foi tomar o hospital geral. Eles derrubaram e amarraram todos os pacientes. Alguém levantou a questão da Convenção de Genebra, e os militares informaram que o hospital era uma agência de propaganda, porque anunciava o número de vítimas, e, por isso, eles tinham o direito de destruí-lo. A imprensa repetiu o que disseram, e não encontrei nenhum comentário.

O nível de radiação em Faluja hoje é quase o mesmo de Hiroshima. Quaisquer que tenham sido as armas que utilizaram lá, elas deixaram um rastro muito pesado de danos.

ANDRE VLTCHEK

Em todo o Iraque, na verdade. Em vários lugares, a radiação pode ser fatal. Os níveis subiram a patamares inacreditáveis. É impressionante como as pessoas acreditam na propaganda oficial do Ocidente. Tendo sido criado no Leste Europeu, sei que a população de lá não tinha absolutamente nenhuma confiança na versão oficial do governo, então, de certa forma, a consciência das pessoas sobre o mundo e sobre o que acontecia no país era altíssima.

Elas sabiam tudo sobre os supostos "crimes" cometidos pelo seu próprio sistema, embora não necessariamente sobre os crimes muito mais atrozes cometidos pelo Ocidente. A visão delas foi, em grande parte, moldada pela propaganda ocidental, com a qual passaram décadas sendo bombardeadas, pelo rádio e pela televisão. Vale destacar que os europeus do leste não sofreram lavagem cerebral pela propaganda soviética, mas sim pela ocidental. Mesmo assim, havia interesse e alguma consciência do que estava acontecendo no resto do mundo. Quando vim para os Estados Unidos, em 1985, estava na escola de cinema da Universidade Columbia quando aconteceu o bombardeio da Líbia. E claro, os estudantes da Universidade Columbia fizeram muitas críticas, mas se você saía na rua, o que me impressionava era a total falta de consciência ou visão crítica por parte da população em geral. Percebi que as pessoas no Leste Europeu eram muito mais bem-informadas com relação aos próprios problemas e muito mais críticas do próprio sistema do que a população aqui nos Estados Unidos ou na Europa Ocidental.

Depois de morar em todos os continentes do mundo, na verdade, acredito que os "ocidentais" são o grupo de pessoas mais doutrinado, mais desinformado e menos crítico do planeta – com algumas exceções, claro, como a Arábia Saudita. Mas eles acreditam no oposto: que são o povo mais bem-informado e "mais livre".

NOAM CHOMSKY

Saíram alguns estudos interessantes relacionados a isso no fim da década de 1970. Foram feitos por centros de pesquisa russos em várias universidades junto ao governo, estudando emigrados políticos, tentando entender como eles se informavam quando ainda estavam na Rússia. E foi uma coisa fora de série. A conclusão foi que a maior parte dos russos, uma porcentagem muito alta, estava ouvindo a BBC.

ANDRE VLTCHEK

Claro. As pessoas faziam de tudo para conseguir informação "do outro lado". Eu cresci em Pilsen, perto da fronteira com a Baviera, então era fácil conseguir sintonizar canais de TV e rádio ocidentais. A Guerra Fria estava a todo vapor, mas as redes de televisão estrangeiras não eram bloqueadas na Tchecoslováquia comunista. Quem falava alemão não tinha dificuldade. A BBC não era bloqueada. Nenhuma rede de língua inglesa era bloqueada, seja de onde fosse. E as pessoas naquela região do mundo falavam ou pelo menos entendiam várias línguas.

NOAM CHOMSKY

A BBC também tinha uma programação em russo.

A BBC normalmente não era bloqueada em nenhuma língua, muito menos em inglês. De tempos em tempos, a Voice of America era bloqueada em línguas locais, e também a Radio Liberty/Radio Free Europe, que fazia propaganda abertamente. Mas pensando nisso, havia uma grande sede por informação, e os veículos de comunicação de propaganda do Ocidente tiravam todo o proveito desse fato. A apresentação dos jornais deles era melhor, e a propaganda era sutil, refinada em séculos de experiência. Mesmo quando se produzia conteúdo noticioso ideológico apaixonado e honesto no Leste Europeu – por exemplo, sobre a Guerra do Vietnã ou sobre os contrarrevolucionários patrocinados pelos Estados Unidos na Nicarágua –, era tão desajeitado comparado às mentiras refinadas que vinham do Ocidente que ninguém em Praga, em Budapeste e mesmo em certos círculos em Moscou acreditava. Quando vim para os Estados Unidos, fiquei impressionado como eu era mal informado pela propaganda ocidental.

Veja o paradoxo: o Ocidente, que alega ser livre, aberto e democrático, quase não tinha acesso nem era influenciado pela propaganda criada na antiga União Soviética e, agora, pela China. E não só propaganda – a maioria dos cidadãos europeus ocidentais e estadunidenses não são influenciados pela forma como os soviéticos ou os chineses veem o mundo. Não sabem quase nada nesse sentido. O mundo deles é monopolar. Não comparam ideias, ideais e ideologias diferentes. Só têm uma ideologia, que pode ser chamada de "fundamentalismo de mercado", oferecida por sistemas parlamentares multipartidários ou monarquias constitucionais. Mas os antigos soviéticos e os chineses eram e ainda são bem-informados com relação ao capitalismo e à visão ocidental sobre o comunismo. Então quem é mais aberto e mais bem-informado? Olhe as livrarias chinesas: cheias de literatura capitalista.

Agora veja as livrarias nos Estados Unidos e na Europa: quase não há literatura chinesa comunista.

É isso que discuto quando escrevo para o *People's Daily* na China e para o *China Daily*, quando me entrevistam hoje em dia, com frequência, na mídia chinesa. Argumento que eles deveriam estar muito cientes e ter muito cuidado com a propaganda ocidental direcionada ao país. Já falei: "Isso não existe para informar vocês, mas sim para fraturar o país".

Por isso fico extremamente preocupado quando países como Cuba e China, que enfrentam um cerco, abrem totalmente o ciberespaço e a mídia. Receio que toda essa propaganda ocidental perniciosa possa entrar, equipada para fraturar o país, como foi no caso da Tchecoslováquia, como foi no caso da União Soviética. Então não é que eu defenda a censura, mas, por outro lado, também sei como as ondas aéreas e os *sites* ocidentais podem ser perversos e letais. O principal objetivo deles é prejudicar e destruir, não informar.

Com tudo que lemos sobre a China, quando as pessoas vão para lá, ficam impressionadas, porque é um país totalmente diferente do que imaginavam lendo as matérias ocidentais. Totalmente diferente do que o sistema de propaganda e as mídias de massa contam para nós e para o povo chinês sobre a própria nação. É muito complexo.

NOAM CHOMSKY

É mesmo. E foi um século de um esforço intenso e muito sofisticado para desenvolver um complexo sistema de propaganda. Ele é usado principalmente para promover lavagem cerebral aqui por meio da publicidade. Volumes imensos de capital são injetados em publicidade e marketing, e isso basicamente para manter uma sociedade de consumo. Por exemplo, há alguns anos, os publicitários perceberam que existe um segmento da população que eles não estavam atingindo, porque é um grupo sem dinheiro. No caso, as crianças. E muito se pensou sobre o que fazer a esse respeito, e desenvolveram propaganda direcionada às crianças, para convencê-las a atazanar os pais, porque é com eles que está o dinheiro. Então se os filhos conseguem exigir dos pais, reclamando que querem isso ou aquilo, os pais acabam comprando.

Hoje já existe uma disciplina acadêmica ensinada em departamentos de psicologia aplicada sobre esse tipo de comportamento persistente de ficar importunando para conseguir alguma coisa [*nagging*]. Existem várias formas diferentes de fazer isso, dependendo do propósito. Quem assiste TV, como eu às vezes faço com meus netos, vê que a partir de dois anos eles já são bombardeados com mensagens consumistas. Nada passa incólume. Então, quando eles se voltaram para a propaganda internacional, já tinham desenvolvido todas as técnicas.

Acho que uma pessoa que ficou muito impressionada com isso foi Goebbels. Ele escreveu que a propaganda alemã nazista seguiu o exemplo da publicidade comercial estadunidense, que é, na sua melhor forma, muito sofisticada.

ANDRE VLTCHEK

É exatamente isso que eu queria dizer: publicidade é propaganda e vice-versa. De certa forma, a propaganda é um esforço de disseminar, de vender algum sistema político ou econômico, de promover determinada visão de mundo. Não é só para vender aspirador de pó.

NOAM CHOMSKY

Sim. Também é interessante que ninguém menciona um fato muito óbvio da publicidade: ela é feita para corroer o mercado. Se você fizer um curso de economia, vai aprender que os mercados se baseiam em consumidores bem-informados que tomam decisões racionais. Mas veja um comercial na televisão. Ele é feito para criar consumidores desinformados para tomarem decisões irracionais. Então existe essa contradição imensa bem na sua frente. Querem que nós amemos os mercados. Existem teorias grandiosas, economistas e o Federal Reserve [sistema de bancos centrais dos Estados Unidos] tentando preservar os mercados. Mas existe uma indústria imensa dedicada a corroer isso, e está bem diante dos seus olhos, mas não se enxerga nenhuma dessas contradições. Na verdade, fazem a mesma coisa com as eleições. O objetivo das eleições hoje é corroer a democracia. As corridas eleitorais são operadas pelo setor de relações públicas, e essa indústria certamente não quer criar eleitores informados que possam tomar decisões racionais. Tenta-se ludibriar as pessoas para que elas tomem decisões irracionais. As mesmas técnicas utilizadas para corroer os mercados são utilizadas para corroer a democracia. É uma das maiores indústrias do país, e o funcionamento básico dela é invisível.

ANDRE VLTCHEK

A mídia dos Estados Unidos piorou desde as décadas de 1950 e 1960? Não tinha um pouco mais de diversidade na época?

NOAM CHOMSKY

Se você voltar até os anos 1930, havia uma variedade de jornais e uma imprensa radical. Nos anos 1950, a mídia já tinha se tornado mais comercial e menos combativa, embora ainda existissem cerca de oitocentos jornais de trabalhadores, alguns muito críticos e militantes com um alcance de aproximadamente 30 milhões de pessoas. Mas a grande imprensa já era muito conformista. Veja o golpe no Irã: o editorial do *The New York Times* elogiou o golpe e disse que foi ótimo terem derrubado Mossadegh em 1953. Ele foi difamado na imprensa estadunidense, como um "louco" que andava de pijama e chorava, um "árabe lunático". Muita gente provavelmente nem sabia que os persas não são árabes. Os editores do *Times* disseram que o golpe seria uma lição prática para outros líderes que "perdem a noção com o nacionalismo radical" e tentam assumir o controle dos próprios recursos. Disseram que isso ia ensinar a lição, que tudo abriria caminho para líderes mais responsáveis que não se comportariam como aquele perdido lá, que estava nacionalizando os próprios recursos e tirando tudo "de nós".

Aconteceu a mesma coisa no golpe na Guatemala no ano seguinte. Edward Bernays, o grande guru das relações públicas, foi contratado pela United Fruit Company para alimentar a imprensa com histórias falsas, vendendo a ideia de que era a tomada comunista, mais um passo do comunismo para conquistar o mundo, e coisas assim. Mais tarde, o responsável pelas relações públicas da United Fruit escreveu suas memórias sobre o caso. Quando a história saiu, perguntaram a ele: "Você não achava estranho passar aquele tipo de material para a imprensa?". Ele respondeu: "Na verdade, não, porque eles queriam muito aquilo. Então a gente só deu o que eles queriam".

ANDRE VLTCHEK

Eu vim para Nova York em 1985 e fiquei muito impressionado. Minha vida nos Estados Unidos se concentrou em Manhattan, onde havia uma diversidade intelectual imensa. Eu ia ao East Village e tinha livrarias do Sendero Luminoso e do MRTA [Movimento Revolucionário Túpac Amaru]. Eu nem acreditava. Estava no centro do Império, e vários movimentos guerrilheiros tinham livrarias com publicações impressas nos Estados Unidos ou importadas de fora. Os maoístas e outros grupos da esquerda da Índia também tinham publicações e livrarias próprias. Essas instituições também funcionavam como espaço público, de encontro. Mas quando começou a era da internet, de certo modo, desapareceu tudo. Não encontro mais nenhuma dessas livrarias em lugar nenhum de Nova York. Perguntei aos meus amigos que ainda moram na cidade, e eles dizem que acabou tudo. Nova York está cada vez mais parecida com o resto do país.

NOAM CHOMSKY

Isso faz parte de fenômenos muito mais generalizados. Muitos fatores. Já vem de muito tempo. Quando eu perambulava pelos sebos próximos da Union Square, em Nova York, mais de setenta anos atrás, havia muito mais variedade e, na minha visão, uma riqueza intelectual muito maior do que a que você descreve dos anos 1980.

ANDRE VLTCHEK

Mesmo na Europa, em Paris, antigamente você ia a uma cafeteria e tinha uma banca de jornal do lado, e você via jornais comunistas bem na sua frente. Tinha o *Le Monde* e o conservador *Le Figaro*, e provavelmente alguma coisa fascista também. Sem contar outras coisas. E você podia sentar lá, tomar seu cafezinho e ficar olhando as manchetes, ter uma ideia do que a esquerda e a direita estavam dizendo, e podia comprar dois ou três jornais. Hoje não tem mais nada disso. Você até encontra isso em alguns lugares de Paris, mas não chega nem perto do quanto isso era comum.

NOAM CHOMSKY

Além disso, o *Le Monde* nem parece mais o que era nos anos 1960 e 1970. Hoje são muito menos matérias sérias e independentes, e houve uma redução brusca na apuração e nas fontes. É só ver o número de sucursais internacionais e quais são as fontes consultadas pelos veículos que, nem tanto tempo atrás, eram periódicos locais de qualidade, com fontes próprias.

ANDRE VLTCHEK

Mas o que substituiu isso foi a internet. Falei há algum tempo sobre essa questão na Universidade de Sydney e em Auckland. Vamos ver se concordamos nesse sentido. O que tenho dito é que a internet consolidou a narrativa oficial da direita na primeira página. Então, por exemplo, se você abrir o Yahoo… Claro, a maioria das pessoas não sabe o que está procurando. As informações estão todas lá, mas você tem que ter muita determinação…

NOAM CHOMSKY

Tem que saber o que está procurando.

ANDRE VLTCHEK

Exatamente. Precisa saber bem, precisa improvisar durante a busca.

NOAM CHOMSKY

Da mesma forma que não dá para entrar na Biblioteca Pública de Nova York e dizer: "Quero ser biólogo". Está tudo ali, mas não vai servir muito para você.

ANDRE VLTCHEK

Exatamente! Então, na verdade, a situação que vejo é que serve para pessoas como nós e também para pesquisadores e pesquisadoras que sabem exatamente o que estão procurando, mas se você só quer ter acesso a uma interpretação alternativa do jornalismo, provavelmente vai acabar seguindo uma direção muito duvidosa.

NOAM CHOMSKY

Cria uma confusão total, sim. Fico feliz que a internet exista, se usada com bons propósitos. Mas se alguém estudar os efeitos gerais, acho que descobrirá que, no geral, ela confunde as pessoas e conduz a seitas e cultos. É fácil criar um culto na internet. Suponha que você e eu decidimos espalhar a crença de que o presidente Obama é o anticristo. Para começo de conversa, parece que 25% dos republicanos já acreditam nisso, mas nós poderíamos começar a postar coisas e outra pessoa postaria outra coisa, e rapidamente se formaria um público e as pessoas pensariam: "Por que não?". Entende? "Por que não acreditar nisso? Por que acreditar no que se diz nessas várias páginas, que são todas mentirosas mesmo? Então vou acreditar nisso". E vários cultos se desenvolvem e afastam as pessoas de problemas reais, do ativismo sério. Veja o imenso 9/11 Truth Movement ["Movimento pela Verdade sobre o 11 de setembro"]. O maior impacto do grupo tem sido exaurir a energia de qualquer tentativa de tomar providências sobre os problemas que surgiram. É mais fácil sentar na internet e ficar estudando um artigo técnico que você não entende sobre a existência ou não de vestígios de nanothermite no prédio do World Trade Center. É mais fácil fazer isso do que organizar protestos contra a Guerra do Iraque. Muito mais fácil.

Esse movimento específico é um fenômeno muito expressivo. Tem um alcance muito grande. Não me surpreenderia se talvez um terço da população pense que é uma história mais ou menos plausível. Então talvez um terço da população pense que somos governados por maníacos homicidas que querem matar todos nós. Certo, então, hora de voltar ao trabalho, não dá para fazer nada a respeito disso, então está fora do meu controle.

Acho que não podemos atribuir isso apenas à existência da internet. Pelo menos nos Estados Unidos, também faz parte de um declínio geral da confiança nas instituições – em quase todas. E isso vem de fatores muito mais profundos e difusos do que a internet.

ANDRE VLTCHEK

Esse assunto que você está trazendo é muito interessante. As teorias da conspiração também estão muito ligadas a filmes de desastre e apocalipse. Acho que muito da ficção e do cinema comercial está anestesiando as pessoas ao ponto de que, mesmo vendo frequentemente a realidade ao redor delas, ao comparar com a realidade virtual com que são bombardeadas dia e noite – por exemplo, de insetos terríveis destruindo o país ou metade da Califórnia desmoronando... Claro que essas coisas todas que elas enfrentam na vida real vão parecer banais e sem muita importância. As guerras de verdade, a fome, o roubo de recursos em lugares distantes, a falta de moradia e a falta de democracia, é tudo banal. E aí a teoria da conspiração sobre o 11 de setembro se conecta a isso também.

A realidade, como você disse, exige muito mais. Você precisa de determinação, precisa convocar manifestações, precisa organizar a população, resistir, rebelar-se.

NOAM CHOMSKY

Acho bem plausível. Também podemos incluir o fato de que é um risco também. E não tem nenhum risco conversar com seus amigos pela internet.

ANDRE VLTCHEK

Sim, e as ideias do 9/11 Truth Movement se espalharam pelo mundo. Vejo isso em Istambul, na América do Sul. Elas são aceitas até mesmo em grupos de pessoas de muito boa instrução. Dizer entre intelectuais de Istambul que o governo dos Estados Unidos não explodiu o World Trade Center é passar por uma pessoa totalmente desinteressante e senso comum.

NOAM CHOMSKY

Com relação ao fenômeno dos Estados Unidos, especificamente, tem um livro bom de um crítico literário, H. Bruce Franklin, que fez uma pesquisa sobre literatura popular estadunidense do período colonial até a atualidade, incluindo a televisão e tudo mais. E ele fez algumas descobertas muito interessantes. Uma coisa que ele descobriu foi que existe um tema comum que perpassa a literatura, um pouco como você descreveu: "Estamos à beira de uma catástrofe iminente e existe um inimigo incrível que está prestes a nos sobrepujar e destruir. E no último minuto somos salvos por uma superarma ou algum super-herói que aparece".

Em anos mais recentes, são coisas assim que aparecem na televisão: os russos estão vindo dominar o país, estudantes do ensino médio fogem para as colinas e se organizam para lutar contra o invasor, esse tipo de coisa. E quem é o inimigo? Com muita frequência é alguém que estamos aniquilando. Nos primórdios, eram "os índios". Na Declaração de Independência, Thomas Jefferson condena o rei George III alegando que ele soltou contra nós "os índios selvagens e impiedosos, cuja conhecida forma de guerrear representa uma destruição indistinguível de todas as idades, sexos e condições". E Jefferson estava lá, ele sabia muito bem que eram os europeus os selvagens e impiedosos. Mas não acho que ele tenha mentido. A concepção era: "Aqui, somos pacíficos. Os selvagens impiedosos estão reagindo à nossa tomada de suas terras, à expulsão e à matança promovida por nós por meios impiedosos". O mesmo inimigo aparece durante todo o período da conquista do novo território.

Mais tarde, isso se transforma no medo de uma revolta de pessoas escravizadas. "Os escravos vão se revoltar e matar todos os homens, estuprar todas as mulheres e tomar o controle", mas somos salvos no último minuto. No fim do século, veja que interessante, o alvo se tornam os chineses. Os *coolies* [termo pejorativo para trabalhadores braçais], como eram chamados, eram sequestrados na China e trazidos para os Estados Unidos para construir ferrovias e acabavam abrindo lavanderias e coisas assim. Um tema que apareceu na literatura foi de que eles iam tomar o poder, tinham planos traiçoeiros, eram centenas de milhões de pessoas e estavam planejando trabalhar para se inserir na sociedade estadunidense e dominar tudo.

Tem um romance, acho que talvez do Jack London, um escritor progressista, que dizia que nós deveríamos matar todo mundo da China por meio de uma guerra biológica para impedir que eles dominassem tudo. Mais tarde, na década de 1950, é a China Vermelha que passa a tentar envenenar a juventude dos Estados Unidos, enchendo o país de drogas para dominá-lo dessa forma. Durante a Guerra do Vietnã, desenvolveu-se um mito de que o exército estava se viciando em drogas. Tem uma certa ponta de verdade nisso, porque eles estavam realmente muito revoltados com o que estava acontecendo, com depressão e tudo mais, mas acontece que eles estavam, na maioria dos casos, consumindo bebida alcoólica. Mas o foco foram as drogas, e criou-se a ideia de que isso era uma trama traiçoeira da China Vermelha e do Vietnã para transformar nossos jovens corajosos em criminosos inveterados e viciados em drogas. Quando eles voltavam para os Estados Unidos, meio que arrebentavam tudo. E isso representa grande parte do que está por trás da propaganda para promover a guerra às drogas. E essa lógica continua até a atualidade. Hoje, são os "fascistas islâmicos" que podem dominar tudo. Metade da população que se identifica como republicana acha que Obama está tentando impor a lei islâmica, não só nos Estados Unidos, mas no mundo todo.

Distrito Artístico, Pequim, China.
(Copyright Andre Vltchek)

O bloco soviético

NOAM CHOMSKY

Estou interessado em ouvir o que você tem a dizer sobre a Europa Oriental.

ANDRE VLTCHEK

A Europa Oriental me deprime. Em algum momento da história, a população de países como Tchecoslováquia, Hungria e Alemanha Oriental foi obrigada a fazer uma coisa muito certa para a humanidade, mas contra sua própria vontade, então, na minha opinião, as pessoas acabaram passando aquelas décadas todas sonhando em se unir aos opressores. E nas últimas duas décadas, elas passaram a viver esse sonho. Algumas pessoas, não todas – pelo menos as elites. Existem vários mitos sobre o Leste Europeu, sobre como a situação de lá era ruim. Os dissidentes da Europa Oriental e Central são tratados como se fossem "vacas sagradas". Não é possível discutir intelectuais e escritores como Václav Havel e Milan Kundera. Eles não podem ser criticados, são intocáveis. Eles serviam ao Ocidente, unilateralmente.

Eu queria voltar a esse assunto porque essa foi uma das primeiras questões que você e eu discutimos quando nos conhecemos, muitos anos atrás, quando começamos a nos corresponder. Nossas trocas discutiam como os regimes eram muito mais truculentos nas colônias ocidentais do que nos Estados satélites soviéticos.

NOAM CHOMSKY

O único lugar daquela região do mundo que já visitei foi a Hungria, e não fiquei muito tempo lá, mas conheci muitos dissidentes. Eram extremamente neoliberais, deslumbrados com tudo que viam no Ocidente, com toda ideia que chegava de lá, como se fosse bom só por não ser a Rússia, sabe? Não faz muitos anos. Eram boas pessoas. Concordamos em muitas coisas, mas o amor acrítico deles pelas ideias ocidentais me impressionou.

ANDRE VLTCHEK

Acabei de visitar a Escuela de Mecánica em Buenos Aires e fui a um museu enorme de memória e direitos humanos em Santiago do Chile – o Museo de la Memoria y los Derechos Humanos. Extraordinário. Esse museu mostra todos os horrores que foram cometidos no Chile e em outros países latino-americanos. Vi trabalhos formidáveis de Botero, o mais importante escultor colombiano contemporâneo. As telas dele retratam a tortura do povo muçulmano por soldados dos Estados Unidos na penitenciária de Abu Ghraib, em Bagdá. Muito forte! Fiquei impressionado. O grande escultor colombiano e um grande museu chileno expressando solidariedade, estendendo a mão ao povo árabe. Jamais se imaginaria uma coisa dessas no Leste Europeu.

Quando eu era pequeno, passei muitos anos pavorosos na Tchecoslováquia. Meus anos lá foram pavorosos, não porque o país era comunista, mas porque minha mãe era descendente de chineses e russos, e ela tinha feições orientais, então tive que enfrentar um racismo terrível lá.

Sem querer ser muito derrotista, a invasão de Moscou para derrubar a Primavera de Praga em 1968 não foi necessariamente uma coisa que deveria ter acontecido, e acabou destruindo o “socialismo com face humana”, mas não houve massacre promovido pelos soviéticos – poucas pessoas sucumbiram aos tanques. A maior parte do que aconteceu foi acidente, algumas pessoas que morreram estavam bêbadas.

Série Abu Ghraib do artista colombiano Fernando Botero, em exposição no Museu da Memória e dos Direitos Humanos, em Santiago, no Chile. (Copyright Andre Vltchek)

NOAM CHOMSKY

Se fosse na América Latina, ninguém teria nem reparado.

ANDRE VLTCHEK

Exatamente! Morreu mais gente em Granada. Em Praga, foi cirúrgico. Não houve estupro. Não houve tortura. As fronteiras continuaram meses abertas, então quem queria ir embora tinha essa opção. Meu pai, que era cientista nuclear, recebeu uma oferta do Canadá para ir embora, mas não foi. Antes de 1968, ele era membro do Partido Comunista da Tchecoslováquia. Ele chegou a jogar a carteirinha na cara de um dirigente e saiu do partido. Não aconteceu nada. Ele continuou trabalhando, mas provavelmente isso o impediu de viajar para fora do país e de ser promovido. Mas imagina se isso acontecesse em El Salvador ou na Grécia durante o regime militar apoiado pelos Estados Unidos, ou na Indonésia depois de 1965, ou no Chile depois de 1973? Toda a minha família teria desaparecido, talvez por ordem direta de Washington.

E pessoas como Kundera, Havel e Kohout sabiam disso. Mas eles optaram por virar astros da intelectualidade mostrando apenas um lado da história. Você já leu alguma coisa do Kundera que comente sobre os horrores que os Estados Unidos ou a Europa fazem o resto do mundo passar? E depois de escrever um romance sentimental de propaganda barata atrás do outro, ele foi elevado pelos críticos ao nível de literatura séria.

NOAM CHOMSKY

Na verdade, isso é sabido na academia. Já foi muito dito que, se comparar com a América Latina, a repressão no Leste Europeu na era pós-Stalin foi branda. Na verdade, chega a ser surpreendente, mas a União Soviética subsidiou a Europa Oriental, e a região acabou mais rica que a Rússia. O Império Soviético é o único da história em que o centro imperial era mais pobre que as colônias.

ANDRE VLTCHEK

Sim. E era evidente que a pobreza era maior. Eu sabia disso desde a infância. Minha avó vivia em Leningrado – São Petersburgo – quando eu era criança e morava na Tchecoslováquia. Eu nasci em Leningrado, mas meus pais me levaram para a Tchecoslováquia. Todo verão, minha mãe me mandava passar três meses na Rússia com a minha avó. Eu adorava a Rússia, contava os dias para voltar, todo ano. Mas também vivenciava, como criança, esse contraste entre a Tchecoslováquia e a União Soviética. Leningrado era uma das cidades mais ricas da União Soviética, mas mesmo naquela época já estava muito evidente que se permitiu que a Tchecoslováquia ocupada continuasse muito mais rica que a União Soviética. Os soviéticos não fizeram nada com relação às disparidades. Não sugaram tudo do país, como nós. Eles poderiam ter feito isso, mas não fizeram. Claro, a União Soviética nunca recebeu nenhum crédito por isso, nem do Ocidente, nem de intelectuais do Leste Europeu.

NOAM CHOMSKY

Fazer parte do Império Soviético... Pode ser que houvesse motivos desagradáveis, mas os fatos são bem claros. E são conhecidos na academia também, mas ninguém tira conclusões a partir disso.

ANDRE VLTCHEK

Acho que o que se esquece completamente é a quantidade extraordinária de coisas boas que a Europa Oriental fez pelo mundo. Como já demonstramos, os europeus do leste apoiavam as lutas por libertação em todo o mundo. Apoiaram o Vietnã durante a Guerra Americana. Eles ajudaram dezenas de milhões na África, no Oriente Médio, em todo lugar. Os russos tinham editoras imensas que publicavam livros para as nações mais pobres do planeta, na própria língua delas.

Meus amigos indianos me disseram que cresceram ouvindo CDs de música clássica subsidiados, produzidos pela gravadora estatal Melodiya. Meus dois tios tchecos, do lado paterno, trabalharam em todo tipo de obra, de engenhos de açúcar a aciarias no Oriente Médio, na África e no Sudeste Asiático. Não era trabalho forçado – essas pessoas ganhavam em moeda forte pelo trabalho árduo, mas ainda assim era uma ajuda internacionalista. O que eles faziam era extraordinário, mas, no fim das contas, as pessoas só se lembram do fato de que isso fazia parte do chamado “Império do Mal”. A propaganda ocidental derrotou todas as boas intenções.

Muitos dos dissidentes do Leste Europeu eram das elites. Por exemplo, a família de Václav Havel era uma das mais ricas da Tchecoslováquia antes da vitória dos comunistas nas urnas em 1948. Ela tinha de tudo, desde propriedades até o estúdio cinematográfico Barrandov, que ainda é um dos maiores da Europa Oriental. Josef Škvorecký, autor dissidente que acabou se tornando professor em Toronto, era muito sincero com relação a isso. No romance *The Cowards*[4], ele descreve a libertação da Tchecoslováquia pelo Exército Vermelho e afirma que aqueles russos andavam a cavalo e fediam, e que, claro, ele preferia muito mais que os estadunidenses e os britânicos tivessem libertado a terra dele, pois ele era da classe média alta e amava *jazz*.

NOAM CHOMSKY

Você ficou surpreso com os surtos de racismo contra jogadores de futebol negros na Polônia e na Ucrânia durante a Eurocopa de 2012?

ANDRE VLTCHEK

Não fiquei. Acho que sempre existiu racismo na Europa Oriental. Mas também acho que, depois que conseguiram implantar o sistema pelo qual os dissidentes e o Ocidente lutaram, muitas coisas desagradáveis simplesmente vieram à tona. Na verdade, foi um pouco parecido com o caso da própria União Soviética. O que os comunistas fizeram foi obrigar um país que antes era isolado e muito retrógrado a, de repente, se tornar internacionalista. Deu certo para alguns – principalmente para os intelectuais. Mas a maioria da população continuou fechada, em parte até racista.

E, bom, a União Soviética trouxe muita gente da África, do Sudeste Asiático, do Oriente Médio, abriu universidades e faculdades para elas, o que também foi fantástico. Mas a pessoa comum ali na

---

[4] N. da T.: Zbabělci (Os covardes), sem tradução em língua portuguesa.

rua provavelmente não se importava muito com isso. O russo comum não entendia o que estava acontecendo, e ainda era muito preconceituoso. Como na Índia hoje. Se você transformasse a Índia em um país comunista e abrisse escolas para africanos, para pessoas do Oriente Médio e de outras partes do mundo, a população comum não aceitaria. Meu amigo queniano, ex-parlamentar e marxista reservado, estudou na Índia. Ele é negro. Ele me disse que era tratado bem na universidade, mas quando saía nas ruas de Nova Déli, era comum irem crianças correndo na direção dele para perguntar: "Tio, cadê seu rabo? Você mora na árvore?". Simplesmente não existe muita educação nem aceitação de outras culturas. Os soviéticos colocaram o país na vanguarda da luta contra o imperialismo, o racismo e a discriminação. Mas um setor imenso da população não estava pronto para aquilo, resistiu e continuou racista. Acho que esse foi o caso não só da antiga União Soviética, mas também de toda a Europa Oriental. E depois que o sistema que promovia o igualitarismo ruiu, todas aquelas intolerâncias reprimidas voltaram a emergir.

NOAM CHOMSKY

Como você avaliaria a ascensão dos partidos de extrema direita na Europa Oriental?

ANDRE VLTCHEK

Acho que eles vão existir na Europa Oriental assim como na Dinamarca, na Holanda, na Grécia e em qualquer outro lugar. Acho que a Europa, como um todo, é historicamente fascista e demonstrou isso ao passar séculos saqueando o planeta inteiro. Ainda por cima, é um continente em declínio, defunto cultural e economicamente.

No passado, a Europa mostrou uma truculência incomparável, promovendo genocídios, como já descrevemos, os massacres da época em que eram senhores coloniais do mundo. Até hoje continuam almejando controlar o mundo ao lado de seu maior parceiro beligerante. Portanto, não me surpreende. Acho que talvez os partidos fascistas sejam bem naturais para a Europa, mas acho mais fácil combatê-los quando eles estão às vistas do que quando implantam sistemas egoístas como o que a Europa teve depois da Segunda Guerra Mundial, quando criou grandes redes sociais para os europeus às custas da inanição de bilhões de pessoas ao redor do mundo.

NOAM CHOMSKY

Você acha que existe perspectiva para o socialismo na Europa Oriental?

ANDRE VLTCHEK

Acho que na Rússia, na Ucrânia e, em certa medida, na Bulgária existe uma grande nostalgia com relação ao comunismo e ao socialismo. Não é questão de sistema político ou econômico. Hoje acho que muita gente da antiga União Soviética sente um vazio, a vida meio que perdeu o sentido. Os objetivos da União Soviética eram audaciosos, e alguns muito impressionantes: liberdade para todas as partes pobres do mundo, anticolonialismo, anti-imperialismo, justiça social.

É interessante que tanto as velhas quanto as novas gerações voltaram a escutar o som da antiga era soviética, sem parar. A literatura moderna está refletindo o vazio que surgiu depois do colapso do país. Mas o Partido Comunista russo está esclerosado e desorientado. Acho que a Rússia ainda não chegou a um estágio capaz de definir um caminho que possa fazê-la voltar ao socialismo ou ao comunismo ao estilo russo. É uma sociedade muito confusa, sem a confiança da China. Parece derrotada, fragmentada e cheia de incerteza. No entanto, acho que a alma russa é essencialmente socialista. Não me surpreenderia se a Rússia se redefinisse como país socialista daqui a uma ou duas décadas.

A maioria dos países da Europa Oriental e Central nunca mais vai voltar para o socialismo, imagino. Agora eles fazem parte do regime, estão integrados às estruturas ocidentais. E assim como a população da Europa Ocidental, não vão permitir que se mude o sistema de novo. Parece uma via de mão única, a não ser que haja alguma revolução global.

Quando morei em Pilsen, com exceção de pessoas como Havel, Kundera, Kohout e aquelas que eram da oposição ferrenha na Tchecoslováquia, a maioria da população sonhava com o que tinha no período imediatamente anterior e durante 1968. Sonhava com o que chamava de socialismo com uma face humana, o que provavelmente é um conceito muito bom, pelo menos na Tchecoslováquia. Lá, funcionava. Mas sabe o que ninguém quer admitir? Que a China hoje é muito mais aberta que a Tchecoslováquia era em 1968, antes da invasão soviética. É mais fácil conseguir passaporte, atravessar a fronteira, há mais variedade de opiniões políticas nas livrarias de Pequim hoje do que havia em Praga em 1968.

No entanto, quando você conversa hoje com a população tcheca, a maioria reclama – mas eles sempre reclamaram, então não levo tão a sério, mesmo hoje em dia. A maioria dos tchecos acha que o sistema comunista tchecoslovaco não era bom, que o sistema pós-comunista não é bom, mas não faz nada a respeito, não faz nada para mudar. Não se discute muito a reintrodução do socialismo com uma face humana de Dubček. No entanto, o Partido Comunista tcheco é o terceiro partido político mais poderoso do país.

NOAM CHOMSKY

Qual é a posição dele em questões econômicas e sociais?

ANDRE VLTCHEK

O Partido Comunista de lá é bem tímido. Para meu gosto, a legenda não se coloca muito e está ocupada demais tentando provar à população tcheca e ao mundo que se tornou uma força política "normal" e "constitucional". Definitivamente não é um partido revolucionário. Veja bem, a República Tcheca é, de certo modo, um pouco parecida com o Chile. Vinte anos depois de Pinochet, o Chile voltou ao modo social-democrata pré-1973, sem fazer diferença quem está na cadeira do Palácio de La Moneda, sede da presidência do país. Na essência, o povo tcheco também sempre foi social-democrata. É por isso que foi diferente de outros lugares do chamado Bloco Soviético. O país tem um sistema social muito bom, e não importa quem está no governo.

Historicamente, mesmo na época do Império Austro-Húngaro, era a região mais rica, por causa das matérias-primas, da indústria pesada e da cultura de trabalho. E aquela chamada Primeira República – que existiu entre a Primeira e a Segunda Guerra Mundial – era um país estritamente social-democrata. Pode-se dizer que era um país bem razoável. Até [Jean-Paul] Sartre ficou impressionado quando foi para lá. Ele viu pessoas da classe trabalhadora praticando remo e fazendo piquenique aos domingos com a família. Claro, não era perfeito, pois havia uma discriminação pesada contra minorias étnicas, mas era um lugar decente se comparado ao resto da Europa no mesmo período histórico.

A Tchecoslováquia, ou a República Tcheca, nunca foi muito de esquerda, mas acho que, se compararmos a República Tcheca com o que vemos hoje no resto do mundo, ainda assim o país se mantém em algum lugar bem razoável na centro-esquerda, mas não muito mais que isso. Mas é preocupante o fato de não querer lidar com política externa e de ser um aliado muito próximo dos Estados Unidos. Então, por um lado, é uma social-democracia com uma rede de proteção admirável, mas, por outro lado, quando o assunto é política externa, o país envia unidades militares para o Iraque e o Afeganistão.

NOAM CHOMSKY

E existe algum medo da Rússia?

ANDRE VLTCHEK

Não. Não existe absolutamente nenhum medo da Rússia.

NOAM CHOMSKY

Então qual é a força motriz da política externa do país?

ANDRE VLTCHEK

Séculos de costume de colaborar com quem está no comando no momento. Eu falo isso na cara dos tchecos: em muitos aspectos, o que eles estão fazendo no momento é colaboração. Não é muito diferente do que faziam no Império Austro-Húngaro, na ocupação nazista durante a Segunda Guerra Mundial ou durante a ocupação pela União Soviética.

NOAM CHOMSKY

Havia muita colaboração na Segunda Guerra Mundial durante a ocupação alemã?

ANDRE VLTCHEK

Claro! A Tchecoslováquia na época estava dividida em duas. As terras tchecas estavam sob controle alemão e passaram a fazer parte da Alemanha nazista depois da anexação e consequente ocupação da Região dos Sudetas. A Eslováquia, na época, era um país fascista independente.

NOAM CHOMSKY

Mas existia um movimento *partisan*.[5]

---

[5] N. da E.: membro de uma tropa irregular formada para se opor à ocupação e ao controle estrangeiro de uma determinada área. O termo ficou conhecido durante a Segunda Guerra Mundial para se referir a determinados movimentos de resistência à dominação nazifascista.

Existia um movimento *partisan* na Eslováquia, mas já perto do fim da guerra principalmente. Na parte tcheca, a resistência era muito fraca. Houve o assassinato de Reinhard Heydrich [governador representante do Protetorado da Boêmia e Morávia] em 1942. A ação foi executada por uma equipe de soldados tchecos e eslovacos treinados pelos britânicos e que tinham sido enviados pelo governo tchecoslovaco no exílio para matá-lo, o que levou a uma retaliação por parte dos alemães e aos massacres de Lídice e Ležáky, duas cidades que foram dizimadas e riscadas do mapa. Mas esse deve ter sido o único ato de resistência forte, e dizem que foi arquitetado pelos britânicos, porque o fato de quase não haver resistência no país era vergonhoso.

NOAM CHOMSKY

E teve oposição dos *partisans* tchecos, porque sabiam que ia causar uma reação hedionda.

ANDRE VLTCHEK

Exatamente. Inclusive, as pessoas que executaram a ação foram transportadas de avião do Reino Unido.

NOAM CHOMSKY

Mas as principais atividades dos *partisans* eram na Eslováquia?

ANDRE VLTCHEK

Sim. Na época, as terras tchecas abrigavam parte da maior e mais poderosa indústria do mundo. Por exemplo, a Skoda, na cidade de Pilsen, era uma das maiores produtoras de armamentos, do mesmo patamar que o conglomerado alemão Krupp. Durante a ocupação, os tchecos atuavam de perto com o complexo militar alemão. Na verdade, foram os estadunidenses que libertaram o oeste da Boêmia, na região de Pilsen, mas, antes disso, bombardearam e destruíram as operações da Skoda. Um dos motivos foi o fato de ser uma das maiores fabricantes da indústria bélica a trabalhar com os alemães, mas provavelmente o motivo principal foi que os Estados Unidos sabiam que toda a Tchecoslováquia acabaria ficando do lado oriental com o fim da guerra, então quiseram deixar o maior estrago possível.

Mas, sobre a colaboração, meu pai me contou que a primeira coisa que os alemães fizeram quando chegaram em terras tchecas foi cancelar todas as dívidas, financiamentos imobiliários e empréstimos que as famílias tinham com os bancos. Os alemães tinham a expectativa de tornar os tchecos colaboradores próximos, então a primeira coisa que fizeram foi ganhar corações e mentes da população. E quer um jeito melhor de ganhar o coração da Europa do que oferecer incentivos financeiros?

NOAM CHOMSKY

Esse é um assunto bem interessante, a colaboração na Europa. Eu estava pesquisando vários países e registros de colaboração e não encontrei nada sobre a Holanda, então perguntei a Hans Koning, que era da resistência dentro da Holanda durante a Segunda Guerra Mundial. Ele disse que lá não havia praticamente colaboração com os alemães. E eu fiquei muito surpreso com isso, então pedi para que ele explicasse. Ele disse que, por acaso, ia voltar a Amsterdã no meio daquele ano e consultaria uma pessoa que conhecia na direção de um museu sobre a guerra de lá.

Quando ele voltou, no segundo semestre, contou para mim que a pessoa explicou e mostrou algumas coisas para ele. Na verdade, havia um arquivo secreto, não disponível ao público, com informações sobre a colaboração dos holandeses com os nazistas. E disse que, para surpresa dele, era um arquivo bem extenso. Mais tarde, eu cheguei a mencionar isso a um amigo linguista holandês, e ele riu. Disse que parentes dele tinham colaborado com os nazistas. Mas é um fato suprimido, como você sabe.

Isso me faz pensar que devemos sempre lembrar que, quando se fala de Segunda Guerra Mundial, havia divisões claras. No fim da guerra, a Europa não só estava dividida entre os blocos oriental e ocidental, mas também entre os países que venceram e os que perderam a guerra. Isso também não é discutido nos veículos da imprensa oficial e nos livros da história oficial, mas muitos países do Leste Europeu perderam a guerra. Eslováquia, Hungria, Romênia, Bulgária, esses países não foram libertados, assim como a Alemanha Oriental não foi. Todos eles foram derrotados, na verdade. Eles estavam lutando do lado dos nazistas.

Estamos falando de países que, apenas uma década antes, tinham sido subjugados por Estados fascistas, que participaram de um dos projetos mais tenebrosos da história da humanidade. A União Soviética perdeu dezenas de milhões de vidas na luta para derrotar o fascismo. A propaganda ocidental só fala sobre os pobres húngaros que combateram os soviéticos e perderam a vida em Budapeste nos anos 1950, mas e a sensibilidade e o medo do povo soviético? E o medo dessa população de enfrentar de novo um monstro fascista na fronteira?

Para mim, parece que não existe debate sério no Ocidente sobre o passado soviético por um ângulo que não seja o oficial. Há uma ênfase no fato de que a União Soviética era algum tipo de país criminoso que violava direitos humanos de forma implacável e contínua. Eu estava pesquisando mais detalhes sobre o passado entre as duas guerras. Para mim, tem um interesse pessoal: meu avô era membro do governo soviético e foi executado nos anos 1930 em um expurgo. Claro, minha família passou por um sofrimento tremendo, e essa questão sempre foi muito dolorosa. No entanto, depois de morar nos seis continentes e estudar sobre o passado, percebi que, principalmente à luz das pesquisas que hoje são feitas na Rússia, na China e em outros lugares, em primeiro lugar, não morreram dezenas de milhões de pessoas por motivos políticos sob Stalin.

Teve bastante gente, mas os campos eram principalmente de trabalho. Havia estupradores, assassinos em massa, criminosos comuns, todos juntos com presos políticos. A revolução foi dura, mas o Império Czarista era abominável, feudal e precisava ser derrubado. Stalin fez coisas terríveis, mas é errado tirá-lo do contexto histórico. Se aceitamos que toda vida humana tem o mesmo valor, seja onde for e de que cor a pessoa seja, se olharmos para esse mesmo período histórico, veremos no colonialismo excessos genocidas absolutamente revoltantes executados por nações europeias sob as chamadas monarquias constitucionais e as chamadas democracias pluripartidárias. Se a ideia fosse rejeitar totalmente o sistema soviético ou outros sistemas comunistas com base apenas nos massacres cometidos naquele período, também deveríamos banir, por serem desumanas e genocidas, as monarquias constitucionais e as chamadas democracias pluripartidárias ocidentais. Britânicos, belgas, holandeses, alemães, franceses e outras nações ocidentais assassinaram na África, na Ásia, no Oriente Médio e em outros lugares um número incomparável de pessoas, muito maior que a União Soviética no mesmo período histórico. No entanto, quase nunca se permite fazer essa comparação.

O chamado colapso da União Soviética foi, em muitos sentidos, um colapso do pluralismo. Isso não quer dizer que era justificado seguir o sistema cegamente nem que o stalinismo representou um grande conjunto de valores. No entanto, havia algumas ideias que levaram a transformações positivas no mundo, incluindo a oposição aguerrida ao colonialismo e ao imperialismo ocidental. Muitos países do mundo ainda seriam colônias se não fosse pelo apoio aos movimentos de libertação que receberam da União Soviética.

NOAM CHOMSKY

Não se pode olhar para isso, pelo mesmo motivo pelo qual você não pode comparar o que aconteceu com dissidentes da América Latina e da Europa Oriental. Isso abalaria toda a base e os alicerces da ideologia inteira, da política de imagem e tudo mais. Despedaçaria tudo isso.

ANDRE VLTCHEK

Existem muitos assuntos que são tabus no Ocidente e em suas colônias. Vou contar uma história curtinha. Eu morava em Hanói e, um dia, um senhor do Afeganistão, educador, foi fazer uma visita, em caráter oficial pela Unesco [Organização das Nações Unidas para a Educação, a Ciência e a Cultura]. Fomos apresentados, e passei duas tardes andando com ele por Hanói. Até que nos sentamos para tomar um café e eu perguntei: "Como era o Afeganistão durante a União Soviética?". E ele respondeu: "Olha, foi a única época em que meu país teve alguma esperança. Foi quando homens e mulheres podiam ser professores, e as mulheres tinham os mesmos direitos que os homens. Foi um momento de desenvolvimento de fato para o povo". Eu repliquei: "Mas não é isso que lemos por aí!". E ele: "Claro, não é o que você vai ler, mas...". Ele me deu vários exemplos e acabamos ficando dois dias conversando.

Ele não era o único entusiasta da era pró-soviética no Afeganistão. Depois conversei com outras pessoas, a maioria da área da educação, e hoje estou convencido de que mesmo o envolvimento soviético no Afeganistão foi totalmente diferente do que se conta pelas mídias de massa do Ocidente.

NOAM CHOMSKY

Bom, o período soviético no Afeganistão foi bem terrível, mas há muito mais a se dizer sobre essa época do que aparece por aqui. Nos anos 1980, as Nações Unidas tinham uma representante em Cabul, que atuava nas questões dos direitos das mulheres, era uma feminista internacional bem conhecida. Foi uma das mulheres que organizou o Dia Internacional da Mulher. Já ao final do período, ela escreveu alguns artigos sobre a situação das mulheres em Cabul com a presença dos russos, e o cenário era bastante positivo. Ela afirmou que o único problema real que se tinha era [Gulbuddin] Hekmatyar e o resto dos extremistas islamistas apoiados pelos Estados Unidos, que jogavam ácido no rosto de mulheres. Mas, tirando isso, elas tinham muita liberdade. Usavam as roupas que queriam, podiam frequentar o ensino superior e tinham oportunidades. Acho que ela enviou o artigo para o *The Washington Post*, que se recusou a publicá-lo. No fim, acabou saindo no *Asia Times* ou algo assim.

ANDRE VLTCHEK

Parece que não só as mulheres se beneficiaram: a situação da educação também era muito boa. Novas escolas foram construídas. A saúde e a infraestrutura também melhoraram.

NOAM CHOMSKY

Acho que o caso mais impressionante é o de Cuba. O país está bem diante dos nossos olhos, sabe? E há cinquenta anos os Estados Unidos travam uma imensa guerra contra Cuba. Uma guerra econômica, com uma série de ataques terroristas graves, e a única coisa que se pode dizer sobre Cuba é que é um lugar terrível. E você pode achar o que quiser de Cuba, mas o país tem conquistas extraordinárias. A saúde, por exemplo, é inacreditável!

ANDRE VLTCHEK

Com certeza! A educação e a cultura também.

NOAM CHOMSKY

Outra questão é o papel de Cuba na África. Cuba teve um papel importantíssimo nas lutas de libertação do continente.

ANDRE VLTCHEK

Sim. Che Guevara levou um contingente inteiro de afro-cubanos para lutar pela libertação do Congo.

Sim, e teve também a participação de Cuba em Angola e na Namíbia. Eles basicamente expulsaram os sul-africanos. E fizeram isso com total abnegação, nunca receberam crédito por isso, nem queriam ficar conhecidos. Eles queriam que os líderes africanos pudessem receber o crédito. E foi uma conquista tremenda, não só a libertação como também a forma como romperam com o domínio psicológico. Em muitos lugares da África, havia um sentimento, tanto entre negros quanto entre brancos, de que não era possível derrotar os mercenários brancos. Mas Cuba enviou soldados negros, que expulsaram as forças sul-africanas de Angola e depois libertaram a Namíbia, e isso foi um imenso choque psicológico para todo o continente. E eles – os cubanos – tiveram um papel essencial na libertação.

ANDRE VLTCHEK

Cuba é uma sociedade de fato internacionalista, e o trabalho que vejo médicas e médicos cubanos fazendo em todo o mundo, da Oceania à América Latina e à África, é excepcional. Acabei de escrever uma matéria bem grande sobre a atuação deles em Cochabamba [Bolívia]. Já acompanhei a ação deles em lugares como Quiribáti [Oceania], no meio do nada. São pessoas muito gentis e dedicadas.

NOAM CHOMSKY

No Haiti, também foram incríveis. Além disso, depois das enchentes de 2010 no Paquistão, falou-se muito que o Ocidente tinha enviado médicos e como eles tinham sido maravilhosos, mas a maioria era de Cuba, e os cubanos não ficaram nas cidades, mas sim foram para os lugares difíceis – e continuaram lá, ao contrário dos ocidentais. Os ocidentais se retiraram, e é possível ler sobre isso na imprensa da Índia e do Paquistão. Mas tente encontrar alguma coisa sobre isso aqui...

Tive uma experiência interessante na África do Sul, quando fui ao país no início dos anos 1990. Por acaso, estava lá na época em que chegou um contingente de médicos cubanos. A reação foi extremamente interessante. Os médicos brancos tinham ido embora, mas alguns médicos negros ficaram muito irritados com chegada dos novos profissionais. Perguntei a um funcionário do Ministério da Saúde por que estavam se opondo à vinda dos cubanos. Ele respondeu: "Porque os cubanos os envergonham. Eles vão para as comunidades rurais pobres, e a nova classe médica negra quer viver no luxo das cidades".

ANDRE VLTCHEK

E sabe o que os médicos cubanos fizeram na África do Sul? Aprenderam as línguas e os dialetos locais. Essa é outra coisa extraordinária deles, porque, enquanto os médicos do próprio país falavam africâner ou inglês, muitas vezes sem conseguir se comunicar com a população, a primeira coisa que os médicos cubanos fizeram quando chegaram foi aprender a língua local.

NOAM CHOMSKY

Sim. E se integraram com a população, o que é de fato extraordinário. Acho que o que se gasta com medicina em Cuba representa uma fração minúscula dos gastos nos Estados Unidos, mas os índices de saúde do país são parecidos.

ANDRE VLTCHEK

Com certeza. O sistema cubano é baseado em medicina preventiva. As conquistas na medicina de Cuba são muito simbólicas, porque é uma forma que o país tem de ajudar o mundo. E eles fazem isso em todos os lugares, não importa que problemas tenham em casa. Acompanhei a atuação deles até no rico Chile, logo depois do último grande terremoto. Em Rancagua, havia um acampamento médico temporário inteiro comandado pelos cubanos.

NOAM CHOMSKY

Você deve saber que Cuba se ofereceu para mandar equipes médicas para os Estados Unidos depois do Furacão Katrina, mas eles recusaram a ajuda.

Índia e China

ANDRE VLTCHEK

Noam, qual é sua opinião sobre a constante avalanche de propaganda contra a China que domina quase todos os veículos da mídia hegemônica ocidental e também sobre a glorificação da chamada "democracia indiana"?

NOAM CHOMSKY

Se você olhar a taxa de mortalidade da China comunista, que hoje já é objeto de estudos muito detalhados, os números do país tiveram uma queda brusca até mais ou menos 1979 e depois se estabilizaram durante o período de reformas capitalistas sob Deng Xiaoping. Como já discutimos, só na democrática Índia capitalista morreram 100 milhões de pessoas, ao comparar com a China comunista. Amartya Sen, autor da pesquisa sobre a Índia que já discutimos, destacou que, embora tenha havido períodos terríveis de fome na Índia durante o domínio britânico e até o início da década de 1940, depois da independência não houve mais carestia, porque o sistema se tornou mais democrático.

A Índia é terrível em vários sentidos, e os horrores que acontecem lá, em geral, são subnotificados. Em uma ocasião, eu estava de carro em Nova Délhi com uma amiga, militante muito dedicada e comprometida. Estávamos indo para uma manifestação, onde nós dois faríamos uma fala. Mas, você sabe, quando se anda de carro na Índia, mesmo em Nova Délhi, que hoje é uma cidade rica para os padrões indianos, é só parar em uma esquina e começam a aparecer pessoas pedindo dinheiro. E veio uma mulher com uma criança faminta, pedindo uma rúpia ou algo assim. Minha amiga, militante dedicada, que deu a vida pela luta, me disse: "Não dê nada". Eu perguntei: "Por que não?". E ela: "Se você der uma rúpia, daqui a pouco vão ser mil pessoas vindo na nossa direção". Reparei que, no caminho, ela não olhava para a rua. Perguntei como ela conseguia conviver com aquilo. Ela respondeu que o único jeito é fingir que não vê, para não se matar. Não é possível sobreviver se você olhar para isso, e a maioria das pessoas escolhe fechar os olhos.

ANDRE VLTCHEK

A Índia é muitas vezes descrita como um país com um potencial tremendo, mas ainda está na idade média em muitos sentidos. Nenhum veículo de massa importante do Ocidente quer criticar o sistema indiano, porque é uma fusão pavorosa de feudalismo e capitalismo, com sentimentos históricos contra a China – exatamente o que precisamos. As religiões, o sistema de castas, o favorecimento de grupos, a miséria. Tudo isso faz transparecer um Estado falido, mas nunca se fala disso.

Outro dia, eu estava conversando com um amigo, médico de origem indiana e chefe de um grande hospital de Harare, no Zimbábue. Ele disse: "Não faz muito tempo, a Índia estava se vangloriando de ter sido o primeiro país a impor sanções contra a África do Sul durante o *apartheid*". Mas, conhecendo a estrutura da sociedade indiana, dá para imaginar o tamanho do cinismo dessa medida? Com o sistema de castas medonho e um feudalismo que segrega centenas de milhões de pessoas, a própria Índia vive um *apartheid* terrível.

Por um lado, o país tem grandes cientistas, escritores e filósofos. Por outro, isso representa uma porcentagem muito pequena da população. O resto vive em um ambiente completamente feudal. Estou trabalhando em um filme sobre as crianças *dalits*[6] no estado de Tamil Nadu. Quando você chega lá, a experiência é muito chocante e leva a muitas reflexões, porque você entende toda essa bobagem de maior democracia do mundo. Não é nada disso. É basicamente um país onde você ainda consegue comprar um quarteirão inteiro de famílias para votar de determinado jeito. Você consegue comprar povoados inteiros. Pode intimidar e subjugar áreas inteiras. Alguns dos meus amigos indianos, intelectuais, estão basicamente passando pelo luto de não terem seguido o caminho da China. Mas só alguns têm coragem de caracterizar abertamente o que está acontecendo no país como desastre. A Índia é um dos melhores países para se viver se você for rico ou de uma casta mais alta – ou, melhor ainda, se for as duas coisas –, mas é um inferno para quem é pobre ou pertence ao que eles chamam de nova classe média.

NOAM CHOMSKY

A Índia é um país enorme e complexo, e uma coisa muito impressionante de se viajar pelo país é a diferença no estado de espírito de diferentes regiões. Em Kerala, as pessoas se sentam para ler jornal, têm discussões acaloradas, você conhece pessoas mais pobres e consegue conversar sobre o que precisa ser feito e assim por diante. Objetivamente, é uma das regiões mais pobres da Índia, mas tem um estado de espírito e um modo de ser bem diferente do que você encontra nas ruas de Délhi e Calcutá.

ANDRE VLTCHEK

Bom, a gestão de Kerala era do Partido Comunista. Mas Kerala era um tanto paradoxal, porque, por um lado, o estado conseguiu alcançar um índice educacional muito elevado, mas, por outro, havia um

---

[6] N. da T.: grupo historicamente marginalizado e oprimido pelo sistema de castas da Índia.

imenso êxodo de pessoas com qualificação profissional. Então, na verdade, em vez de ficar em Kerala e construir a sociedade, muitas delas estavam indo para o Oriente Médio.

NOAM CHOMSKY

É verdade. E o estado vive das remessas delas. Era patético atravessar Kerala, pelo menos quando fui para lá, alguns anos atrás. Do carro, dava para ver uma terra agricultável maravilhosa, plantações de arroz e tudo mais, mas as coisas estavam apodrecendo.

A Índia é um país interessantíssimo, com muitas conquistas notáveis, mas é um dos países mais deprimentes que já vi. A pobreza e a miséria são evidentes e escancaradas, mesmo ao comparar com o Paquistão. Minha mulher e eu passamos cerca de um mês na Índia e depois ficamos uma semana no Paquistão. Fomos direto de Calcutá para Laore. Em Calcutá, passamos por aquele mercado grande, onde tinha gente em condições miseráveis pedindo esmola, arrastando membros do corpo e tentando puxar você para alguma loja. Então, sim, acho que foi uma situação muito desagradável. Alguns dias depois, em Laore, fomos para o mercado principal. Era pobre, mas a atmosfera era totalmente diferente.

Antes de ir para a Índia e para o Paquistão, conversei com Eqbal Ahmad, ativista e intelectual paquistanês muito prestigiado, que fez um trabalho importantíssimo. Ele também tinha envolvimento com a FLN [Frente de Libertação Nacional] argelina, tinha um relacionamento próximo com movimentos africanos e envolvimento com a OLP [Organização para a Libertação da Palestina]. Ele também tinha um trabalho muito importante aqui, no ativismo e na pesquisa crítica. Ahmad disse que eu descobriria, para minha surpresa, que a imprensa no Paquistão é mais livre e aberta que a da Índia. Quando cheguei lá, percebi que era verdade. Quando ele previu isso e eu respondi que era difícil de acreditar, ele explicou: "Você não entendeu. A imprensa do Paquistão que você vai ler era a imprensa inglesa, e ela é voltada para um segmento minúsculo da população. E a ditadura não vê problema nenhum em deixar esse segmento fazer as coisas do seu próprio jeito". Ele disse que, se eu lesse a imprensa urdu, ficaria horrorizado.

ANDRE VLTCHEK

Nessa mesma linha, alguns anos atrás, dois ou três artigos meus foram publicados no *The Friday Times*, de Karachi. Foi tranquilo publicá-los em inglês. Mas quando recebi um convite para ir ao Paquistão, não consegui tirar o visto. Então, embora eles publicassem meu trabalho para essa pequena elite, eu não podia ir falar no país.

NOAM CHOMSKY

Eu conheci Najam Sethi, editor do *Friday Times*, e a mulher dele. São pessoas muito interessantes. Eles são bem ricos, estão na elite paquistanesa, mas ele passou um tempo preso e foi torturado. Depois, permitiram que ele voltasse a publicar, e foi o que ele fez. São pessoas de muita coragem, mas representam um segmento pequeno da população.

ANDRE VLTCHEK

A imprensa indiana é, em grande medida, provinciana e muito fechada. Algum tempo atrás, vários jornalistas progressistas da Índia foram para o Nepal para editar uma revista chamada *Himalmag*, comandada por um empresário chamado Kunda [Dixit], e a publicação era até bem de esquerda se comparada ao que era feito na Índia.

NOAM CHOMSKY

A *Frontline* é uma das poucas exceções. Um dos editores da *Frontline* é amigo meu. Ele é economista agrícola e morava em Tamil Nadu. Viajamos com ele por Kerala, passando por Tamil Nadu logo depois. Dois estados absolutamente distintos, mesmo sendo vizinhos. Tamil Nadu, em tese, é muito mais rico, mas Kerala parecia muito mais civilizado.

ANDRE VLTCHEK

Mas voltando ao assunto que já discutimos: o número de pessoas que morreram em consequência dos sistemas políticos da China e da Índia. Temos aqui as duas nações mais populosas do planeta, com duas culturas e sistemas distintos. A propaganda ocidental está sempre exaltando a Índia e vilipendiado a China. A chamada questão do Tibete está sempre nas páginas dos jornais, enquanto a Caxemira quase nunca é citada. Não há comparação entre o nível de brutalidade que acontece no Tibete e na Caxemira.

NOAM CHOMSKY

A Caxemira é uma coisa sobre a qual não se pode falar. Quando fui à Índia, dei muitas palestras. Uma pessoa perguntou sobre a Caxemira, e eu simplesmente descrevi o que você encontra nos relatórios de direitos humanos. As pessoas ficaram muito irritadas. No dia seguinte, em uma palestra que eu estava dando, houve uma manifestação furiosa do Partido do Povo Indiano [Bharatiya Janata Party – BJP]. Depois disso, as pessoas que tinham feito o convite para mim insistiram que eu deveria andar com escolta policial até o fim da viagem. Só porque falei sobre a Caxemira.

ANDRE VLTCHEK

E existem outras questões que você não pode citar, como a fascista Rashtriya Swayamsevak Sangh [RSS], isto é, Organização Voluntária Nacional. Eles estavam inclusive criando roupas inspiradas nos uniformes da Juventude Hitlerista e dos fascistas italianos.

Fui para Gujarat pouco depois dos massacres de Amedabade, para apurar o que aconteceu depois das chacinas e do impasse no templo de Gandinagar. Fiquei um bom tempo lá. Aquela situação toda me deixou extremamente perturbado. Conheci todos aqueles elementos e organizações hindus de direita, incluindo líderes da RSS. Para minha surpresa, fui convidado de forma muito amigável para conversar com os extremistas hindus. Entrei nas casas e nos escritórios deles. Imagino que me consideraram branco o suficiente – "ariano". Parecia que eles estavam morrendo de vontade de dividir as reflexões e a filosofia intolerante deles com um estrangeiro.

A Índia está cheia de intolerância. E também está sendo sufocada por grupos fundamentalistas das duas maiores religiões do país. Você não consegue sair desses grupos, eles basicamente são seus donos e você não consegue fugir deles. É absolutamente lamentável. Sem dúvida não deveria ser uma coisa apresentada ao mundo como um exemplo a ser seguido.

Os massacres de Amedabade estão entre as coisas mais impressionantes que já cobri. O nível de violência, de ódio, de falta de humanidade era inimaginável. Toda a matança, os saques, os estupros. A multidão atacava as casas de famílias muçulmanas, cortava a barriga de mulheres grávidas. A Índia é um país extremamente violento, como a Indonésia. Mas, no Ocidente, temos uma tendência de chamar esses países violentos de "pacíficos" e "tolerantes", desde que sirvam de defesa contra a China, desde que saqueiem seus recursos naturais em nome de empresas privadas, desde que estejam dispostos a defender o capitalismo selvagem. Apesar de que, na Índia, ao contrário da Indonésia, a maior parte da pilhagem é promovida pelas elites locais.

NOAM CHOMSKY

O jornalista e ativista de esquerda David Barsamian tem atuado muito na Índia. Há pouco, ele estava querendo voltar ao país, mas teve o pedido de visto negado. O motivo foi que ele tinha escrito sobre a Caxemira. Ele tinha passado um tempo na região e escrito sobre o caso, e pronto: não pode mais voltar à Índia.

ANDRE VLTCHEK

Existem muitas questões que não se pode cobrir na Índia, como a Caxemira e a região tribal do nordeste do país. Não se pode escrever sobre as Ilhas de Andamão. Existem muitos temas que você simplesmente não pode cobrir se quiser voltar para a Índia depois. Devo dizer que sinto muito mais liberdade para trabalhar na China. Até posso ser impedido de fazer algumas coisas, mas não na mesma escala que sou no Ocidente. Já fui impedido de filmar em uma pista pública de patinação no gelo em Paris, aquela que fica em frente ao Hôtel de Ville. Quando protestei, quase fui preso.

Mas, na Índia, não pode nada: não é permitido filmar nem fotografar em museus, prédios do governo, estações de metrô. Não dá nem para se conectar à internet em alguns hotéis cinco estrelas, a não ser que você esteja hospedado e eles tenham seus dados; a não ser que você preencha várias páginas de informações e dê seu passaporte para eles tirarem uma cópia. Quando você entra com um pedido de visto, eles querem saber tudo, até o nome dos seus pais, e acho que dos avós também. Exigem que você apresente o passaporte anterior e, se não tiver, precisa preencher mais uma papelada. Há sistemas de segurança e vigilância por todos os lados. É uma das sociedades mais opressivas que já encontrei. No lado oposto, tudo na China parece muito direto – mas não que eles me deixem enfiar a lente na cabine de um caça. Apesar da propaganda ocidental, acho que é um dos países mais fáceis em termos de se trabalhar. Não tem nem comparação com a Índia.

NOAM CHOMSKY

Eu só passei uma semana na China. Recebi um convite da Universidade de Pequim para receber um título honorífico. Normalmente, eles pedem para você dar uma palestra, mas pediram para eu dar uma palestra política, o que me deixou em choque. Meus amigos, a maioria dissidente, sugeriram que eu atenuasse o discurso, porque, apesar de não me afetar, poderia afetá-los. Então não fui provocativo. Mas uma das perguntas da plateia de estudantes no final da palestra foi: "Para onde o senhor acha que a China poderia olhar, pensando em um modelo?". Eu tinha acabado de passar por Taiwan, então aproveitei a chance e respondi: "Bom, vocês podem olhar para países próximos daqui, como a Coreia do Sul e Taiwan". Foi uma questão bem delicada, mas houve aplausos e, depois disso, falei mais abertamente.

Casas de favela em Mumbai, na Índia.
(Copyright Andre Vltchek)

ANDRE VLTCHEK

Eu acho a China um lugar incrível e também um modelo muito interessante que funciona muito bem, pelo menos para eles. Não tenho certeza se poderia ser reproduzido em outro lugar, mas a China tirou centenas de milhões de pessoas da pobreza. Grande parte da propaganda do Ocidente caracteriza a China como um país mais capitalista que as nações capitalistas, mas eu discordo totalmente dessa percepção. Considerando que a China não é rica – ainda –, ela dedica muitíssimos recursos e planejamento ao desenvolvimento social. Uma das minhas bases de trabalho, entre outros lugares, é o Sudeste Asiático, bastião do capitalismo selvagem pró-Ocidente. Alguns países dali têm um IDH [Índice de Desenvolvimento Humano] parecido com o da China, então acho que, por enquanto, não devemos compará-la com a França – nem Pequim com Paris. Eu comparo a capital chinesa com Jacarta, Manila e Bancoc. Comparo o sistema de saúde, educação, habitação, acesso a água potável e saneamento básico e, claro, os espaços e o transporte público – e a China é absolutamente superior. O país tem projetos impressionantes para o transporte público, muitos inclusive bastante ecológicos. Linhas de metrô, trens de alta velocidade, parques públicos, calçadas, medicina preventiva... É tudo incrível.

NOAM CHOMSKY

Na semana que passei lá, viajei um dia para Xiam, mas fiquei a maior parte do tempo em Pequim. Circulei um bocado pela cidade e não vi o tipo de pobreza miserável que chama atenção de imediato quando você vai a um país do Terceiro Mundo ou mesmo ao centro de Boston. Imagino que esteja em algum lugar, mas não vi.

ANDRE VLTCHEK

Não tem muita, é só isso aí mesmo. Esse é outro segredo oculto. Meu melhor amigo na China, Yuan Sheng, é pianista concertista. Sempre que vou para lá, a gente pega o carro dele depois de um concerto e sai viajando para descobrir o país. Às vezes, rodamos 5 mil quilômetros, por todas as regiões. Nunca vamos com nenhum plano concreto, é bem na espontaneidade. De vez em quando, a gente só coloca o dedo em algum lugar do mapa e vai.

O mais surpreendente é que, mesmo nas comunidades rurais, agora tem painéis solares nos telhados, boas estradas, boas ferrovias, postos de saúde. Repito, não estou dizendo que é perfeito, mas, depois de viver em vários lugares do mundo, posso fazer uma comparação com países com o mesmo nível de desenvolvimento da China em termos de PIB [Produto Interno Bruto] per capita e IDH, e ninguém vai me convencer, depois do que vi, que a China é um país capitalista. Acho que é exatamente o que o governo diz que é: "socialismo com características chinesas", um modelo muito específico, com economia planificada e a maioria da economia nas mãos do governo. Não quero dizer que não há disparidades entre, digamos Pequim ou Xangai e as comunidades do oeste do país, mas o que estou dizendo é que até esses povoados hoje têm muitos projetos ecológicos sólidos, postos de saúde decentes, educação decente, e as zonas rurais estão cada vez mais conectadas com o resto da China. E o governo está transferindo recursos das cidades para o campo.

Hoje estão acontecendo grandes reformas na saúde de toda a China. Muita gente que vai para lá com a mente aberta se impressiona. Também me sinto muito encorajado pelo otimismo do povo chinês.

NOAM CHOMSKY

Sim, isso foi o que me impressionou. Eu vi mais estudantes, mas eles estavam muito animados com o futuro, as oportunidades. Eles não gostam de restrições, mas o senso de otimismo e entusiasmo era contagiante mesmo.

ANDRE VLTCHEK

Outro dia, eu estava em Pequim com meus amigos, em algum lugar na cidade, e a gente estava conversando sobre a oposição. Se você for ler o *Herald Tribune*, vai achar que toda a China está se revoltando contra o governo. E meus amigos disseram uma coisa muito interessante: sem dúvida, acontecem muitos protestos em toda a China, mas é só prestar atenção em quem são os manifestantes e ver o que muitos levam nas mãos. Eles estão erguendo a bandeira do Partido Comunista da China nas mãos. Então, quando eles protestam, não querem um sistema econômico capitalista com características ocidentais nem um sistema político ao estilo ocidental. Eles querem o comunismo, o socialismo – o sistema que representaria a maioria do povo. Querem mais socialismo, não mais reformas de mercado. Mas, se conseguirem essa vitória, seria uma amálgama, uma versão chinesa do socialismo.

No Ocidente, sendo a China socialista ou não, ela é julgada por uma interpretação ocidental do que é socialismo. Mas esse país, o maior do planeta, tem medidas, padrões e ideias próprias. A forma como a China é julgada pela Europa e pelos Estados Unidos é arrogante e de uma presunção cabal.

América Latina

ANDRE VLTCHEK

Gostaria agora de olhar para a América Latina. As recentes vitórias de governos progressistas na região são espetaculares. Foi uma queda de governo fascista pró-Ocidente atrás da outra. A Venezuela vai liderando o caminho, mas há outros países, como Equador e Bolívia, as nações mais pobres e mais indígenas da América do Sul. O continente está se levantando. E, até certa medida, Uruguai, Argentina e Brasil estão mais preocupados com o próprio povo do que com empresas e bancos internacionais. É o inverso total da norma de apenas duas décadas atrás. O senso de solidariedade também está aumentando.

Claro, o progresso sofre contratempos graves. A esquerda perdeu em Honduras e no Paraguai, em dois golpes orquestrados pelo Ocidente. E, sem dúvida, existe todo o legado terrível da Doutrina Monroe, que assombra o continente.

Não faz muito tempo que fui a El Salvador. Hoje o país tem um governo progressista, mas parece que está de mãos atadas, porque os Estados Unidos não estão dispostos a assumir a responsabilidade pelo passado. Não houve nenhuma reparação.

Ainda existe uma violência terrível no país, consequência do apoio dos Estados Unidos aos esquadrões da morte que combateram as guerrilhas de esquerda durante a guerra. A violência que assola El Salvador hoje é estarrecedora, abjeta. Eu mesmo fui baleado, meu carro foi baleado enquanto eu gravava. Depois visitei uma comunidade para entrevistar o único sobrevivente do massacre mais terrível que vitimou trinta pessoas durante a guerra – uma família inteira foi morta. Eu estava conversando com ele quando me avisaram que era hora de ir embora, porque o sol estava se pondo e as *maras*, as gangues, estavam assumindo o controle da área. Tive sorte de conseguir sair vivo de lá. A última coisa que esse sobrevivente do massacre me disse foi que isso tudo era continuação da cultura de violência iniciada com os Estados Unidos durante a guerra civil.

Então, embora existam forças e até governos progressistas em muitos países latino-americanos, a região precisa lidar com o legado de décadas enfrentando a violência mais abjeta. Eu vi a mesma situação no Panamá, na cidade de Colón, e quase ninguém escreve sobre isso. Eu imaginava que Colón seria só mais uma cidade problemática. Não consegui encontrar nenhuma informação, com exceção de duas ou três matérias. Uma delas dizia que era a cidade mais perigosa do hemisfério ocidental. Fui para lá e, sem nenhuma surpresa, a cidade estava totalmente em ruínas.

A destruição é escancarada, está nas meninas de dez anos se prostituindo nas calçadas e nas embarcações militares estadunidenses atracadas no porto de navios de cruzeiro... Embarcações que não deveriam estar ali, porque receberam ordens de sair há muito tempo, pelos tratados entre o Panamá e os Estados Unidos. Assim como nas Filipinas, ainda estão lá sob a fachada da "guerra contra o terrorismo". Filipinas, Panamá... É mesma coisa.

Então ali está, a alguns quilômetros do emblemático Canal do Panamá, a segunda maior cidade do país, um país que, em tese, tem um nível de desenvolvimento relativamente alto – pelo Índice de Desenvolvimento Humano das Nações Unidas, está na 58ª posição –, mas tudo que se vê é uma extensão urbana completamente destruída. Só se vê o esqueleto da cidade.

NOAM CHOMSKY

Você não encontra nada sobre a invasão dos Estados Unidos ao Panamá. Tenho a impressão de que foi pior que a invasão iraquiana ao Kuwait, com mais mortes. Segundo a Human Rights Watch, no Kuwait, os iraquianos mataram algumas centenas de pessoas, mas, no Panamá, devem ter sido alguns milhares. A Codehuca, Comissão para a Defesa dos Direitos Humanos [da América Central], estima que tenha sido na casa dos milhares.

Colón, no Panamá, cidade destruída pela guerra, quase um quarto de século depois da invasão dos Estados Unidos. (Copyright Andre Vltchek)

ANDRE VLTCHEK

O número que tem sido cada vez mais consensual é de 3,5 mil. O mais interessante é a limpeza que fizeram de todas as provas. Colón é uma das cidades mais devastadas do planeta, por muitos motivos: pelas gangues, pela pobreza, pela má gestão. Mas conseguiu limpar todas as provas relacionadas aos bombardeios e à invasão dos Estados Unidos. Durante a invasão, bombardearam até o condomínio mais alto da cidade. Eu fotografei a construção, e não tem como ter sido erro – com certeza deviam saber que o alvo era civil.

Sem dúvida, a invasão foi muito brutal, mas algumas outras coisas são dificílimas de comprovar, seja no Panamá, em El Salvador, na Nicarágua, seja em Honduras. Não houve cobertura. Seriam necessários anos de apuração para desvendar os impactos em cada país. Poucos jornalistas e cientistas têm condições de fazer isso.

No caso do Panamá, o despeito pelo povo vem desde o tempo da construção do Canal do Panamá. Aparentemente, o lugar onde fiquei hospedado perto de Colón, chamado Arco-Íris, foi onde a segregação racial era mais comum. Soube disso por colegas panamenhos, que não passaram por essa experiência, mas ouviram de pais e avós sobre os maus velhos tempos quando as equipes de obra dos Estados Unidos chegaram em Colón. A segregação e o racismo que eles levaram para lá foram um choque total para a população panamenha. O país que alegava defender princípios e ideais de igualdade, liberdade e direitos humanos chegou na América Central, começou a construir o canal, segregou a população local e construiu lojas, mercados e moradias distintas para pessoas de raças diferentes.

NOAM CHOMSKY

Acontece isso em todo o mundo. É um dos motivos pelos quais as ONGs representam uma contribuição tão dúbia. Não todas, claro, mas muitas delas. No Haiti, no Timor-Leste, em todo lugar. A vida deles é totalmente diferente da vida da população local. Eles comem em restaurantes chiques e têm carros bacanas, enquanto as pessoas passam fome.

ANDRE VLTCHEK

Essa abordagem, de "nós e eles", também explica o despeito com o qual os invasores europeus e estadunidenses tratam a população local durante incursões e anexações.

NOAM CHOMSKY

Muita coisa precisou ser suprimida. A maioria das acusações penais contra Manuel Noriega se refere à época em que ele contribuiu com a CIA. Mas eles se voltaram contra ele, porque Noriega não estava cooperando com o apoio aos contrarrevolucionários na Nicarágua, então passou a ser visto como inimigo. As acusações contra ele eram referentes ao início dos anos 1980, quando os Estados Unidos ainda elogiavam as incríveis eleições livres em que ele saiu vitorioso em 1984, permeadas por fraude, assassinatos e o financiamento secreto de Washington para assegurar a vitória do candidato de Noriega. O secretário de Estado [dos Estados Unidos] George Shultz chegou a ir ao país para elogiar Noriega por "iniciar o processo da democracia". O comentário nem é tão estranho à luz do conceito que os partidários de Reagan tinham de "promoção da democracia". A declaração passou praticamente batida por aqui, sem comentários na mídia hegemônica. Não foi muito diferente do que aconteceu com Saddam Hussein.

ANDRE VLTCHEK

O que se sabe hoje nos Estados Unidos sobre esses dois casos de envolvimento do país, no Panamá e em El Salvador, que tiveram um impacto tão avassalador nas duas sociedades?

NOAM CHOMSKY

Bom, praticamente nada. Na data que marcou os 25 anos do assassinato de Óscar Romero, só houve uma solenidade, que eu saiba, aqui em Boston. E foi parecido em outros lugares. Foi em uma igreja de um bairro pobre, Jamaica Plain, região mais latina e negra da cidade. Uma das pessoas que discursou – eu tive o prazer de ser convidado a me unir a ela – foi a viúva de Herbert Anaya, ativista de direitos humanos assassinado por forças de segurança. Mas foi só isso, não teve mais nada na região de Boston.

No marco de vinte anos do assassinato dos jesuítas, houve uma solenidade na Boston College, universidade jesuíta bastante conservadora. Também fui uma das pessoas a discursar. Também discursou Jon Sobrino, único sobrevivente do massacre jesuíta de 1989. Ele fez uma fala muito emocionante e destacou que deveríamos estar de luto pela empregada e pela filha dela, que foram mortas para não deixar testemunhas. Disse que elas eram símbolos do sofrimento do povo de El Salvador e de todo o mundo, e é com isso que devemos nos preocupar. Um número razoável de pessoas da universidade participou da solenidade, mas, para além disso, acho que não teve mais nada.

Eu cheguei a comentar sobre isso na Europa no aniversário do massacre também, onde só houve um sussurro de reconhecimento sobre o caso. A única diferença foi na Irlanda. Lá, houve um entendimento, havia relações próximas. Muitos padres irlandeses estavam na América Central e, na verdade, uma das principais fontes de informação sobre o que acontecia na época era a imprensa irlandesa, porque ela recebia notícias dos padres que estavam na região.

ANDRE VLTCHEK

Alguns padres eram progressistas.

NOAM CHOMSKY

Até que sim, mas nem todos eram particularmente progressistas. O que aconteceu foi que acabaram sendo pegos, como o próprio Romero. Ele era conservador, mas acabou se envolvendo profundamente quando seus próprios padres começaram a ser assassinados. Era uma pessoa séria e honesta. E esses padres também eram assim.

Existe uma ordem de freiras da Igreja Católica atuante na Nicarágua, as Religiosas da Assunção. Foi-me dito que elas conviviam com a ameaça de morte do antigo governo. Quando fui para lá, meu amigo César Jerez me levou a um dos conventos dessa ordem, perto de uma comunidade paupérrima. A madre superiora ia de casa em casa para convencer os camponeses que tinham receio de tomar vacina. As freiras já tinham conseguido, aparentemente pela primeira vez, a cooperação da população para construir um poço. O poço ficava em um morro. Um boi subia o morro com uma corda no pescoço, puxando um balde que descia o poço. Depois, o boi descia o morro e a comunidade tinha, pela primeira vez, acesso a água potável. Mas o mais impressionante foi o trabalho coletivo.

Isso me lembrou da descrição de William Hinton sobre o que aconteceu nos primórdios da Revolução Chinesa. Uma coisa notável foi a tentativa de fazer com que os camponeses, acostumados ao conflito entre si – mudando uma pedra cinco centímetros de lugar para ter um pouco mais de terra que o vizinho, por exemplo –, percebessem que podiam cooperar e agir juntos. Era isso que as freiras do convento estavam fazendo. Elas não eram progressistas, mas simplesmente humanas. Muitas atividades eclesiais eram assim.

Foi a mesma coisa com os grupos de apoio daqui. Havia grupos de apoio centro-americanos consideráveis na década de 1980, mas era mais comum encontrá-los nas comunidades rurais nos estados de Kansas e Arizona do que nas grandes cidades. Eram, no geral, grupos eclesiais, sendo muitos evangélicos. E, na verdade, foram eles que persistiram depois que os Estados Unidos destruíram a Nicarágua. Poucos grupos continuaram a atuar em solidariedade depois que Violeta Chamorro foi eleita presidenta em 1990. A maioria dos grupos de ativistas se retirou, mas não esses – esses continuaram dedicados. Eu fiquei bem impressionado.

ANDRE VLTCHEK

Voltando ao Panamá, você acha que um dos motivos da decisão dos Estados Unidos de invadir foi o fato de Noriega defender e conduzir políticas sociais relativamente decentes no país? Claro, jamais poderíamos caracterizá-lo como de esquerda, mas, repetindo, assim como foi o caso de Saddam Hussein e de [Muammar al-]Gaddafi na Líbia, estamos falando de um país que estava implementando pelo menos um esqueleto de sistema social em uma região do mundo conhecida pela desumanidade social.

NOAM CHOMSKY

Talvez, mas só isso não explicaria, porque ele não estava fazendo tanta coisa assim. Acho que ele só virou a casaca. No início dos anos 1980, Noriega colaborou com os Estados Unidos e foi basicamente informante da CIA, ajudando no apoio aos contrarrevolucionários e assim por diante. Os Estados Unidos contavam com ele, e o Panamá era considerado uma base do poderio estadunidense. Mas no fim dos anos 1980, Noriega foi ficando mais independente, e aí começaram os ataques: "narcotraficante", "terrorista", "torturador". Quando ele finalmente foi a julgamento, a maioria das acusações era do período em que ele era um dos favoritos dos Estados Unidos. Acho que o maior motivo para a invasão dos Estados Unidos foi o aumento da independência de Noriega.

ANDRE VLTCHEK

Também tem o Canal do Panamá, uma das hidrovias mais estratégicas do mundo.

NOAM CHOMSKY

O canal, claro. O pior país do hemisfério ocidental hoje é Honduras, onde a violência está totalmente fora de controle. Há dois países do hemisfério ocidental onde, na última década, os Estados Unidos participaram da instauração de golpes militares. Eles tentaram interferir na Venezuela, mas não conseguiram. O outro foi o Haiti, onde os Estados Unidos e a França – os torturadores tradicionais do Haiti – basicamente invadiram e sequestraram um presidente de quem não gostavam e o enviaram para a África Central. E ainda não permitiram que o partido dele concorresse nas eleições do país.

O terceiro foi Honduras, durante a gestão Obama. Houve um golpe militar em Honduras e o presidente foi sequestrado. Até houve o ritual de críticas, mas logo vieram os Estados Unidos de quase todo o continente e até a Europa e apoiaram a eleição fraudulenta realizada pela nova ditadura militar, e também as atrocidades que estão acontecendo agora. Como o assassinato de ativistas dos direitos humanos, militantes sindicalistas, muitos assassinatos. O país está sendo destroçado. Mas é a última base sólida dos Estados Unidos no hemisfério, tem uma base aérea estadunidense importante e apoia o investimento dos EUA, então as atrocidades são aceitas.

Na verdade, o que está acontecendo em El Salvador hoje é o exemplo perfeito do tipo de destruição indireta sobre a qual você falou. Neste momento, o atual governo salvadorenho tentou instituir uma norma jurídica para proteger regiões do país de um desastre ambiental. Mas isso eliminaria o potencial de lucro da mineração do ouro. A mineração de ouro multinacional é a mais destrutiva que existe. A multinacional processou El Salvador com base nas regras da Organização Mundial do Comércio, acusando o país de retirar seu lucro ilegalmente ao tentar proteger parte do meio ambiente da destruição da atividade mineradora. O caso chegou a ser julgado, e a multinacional ganhou a causa.

As regras da Organização Mundial do Comércio, as regras internacionais, tudo isso foi criado para permitir que grandes corporações multinacionais processem governos por infringir o potencial que elas têm de lucrar destruindo um país. Pode até parecer que não é a mesma coisa que sair por aí matando as pessoas com um facão, mas é. E isso está incrustado nas regras elogiadíssimas do sistema neoliberal, aplaudidas por autoridades internacionais, economistas e outros. Não é o primeiro caso do tipo, mas esse está acontecendo neste momento. Na verdade, a mineração é um desastre pavoroso em todo o mundo. Quer dizer, metade da Índia está em guerra por causa disso. Há lutas na Colômbia contra essa atividade. Na Austrália, a população indígena está tentando interromper a destruição do que sobrou do país para eles. É um problema geral.

Policiais ao lado de mural que declara "Liberdade" em Bogotá, na Colômbia. (Copyright Andre Vltchek)

ANDRE VLTCHEK

A cooperação entre os Estados de esquerda da América Latina está aumentando. Um dos episódios mais significativos foi quando a província rica e majoritariamente branca de Santa Cruz, na Bolívia, ameaçou declarar independência, vários anos atrás. Era visível que havia envolvimento do Ocidente e de interesses comerciais, assim como das elites locais. Era uma forma de prejudicar e destruir o pais e as reformas de esquerda do presidente Evo Morales. O Brasil basicamente declarou que enviaria o exército para proteger a integridade do país vizinho. De certa forma, o Brasil salvou a Bolívia e seu governo socialista. Repito, isso seria inimaginável há apenas duas décadas.

NOAM CHOMSKY

Foi muito interessante, na minha visão, que a Unasul – União de Nações Sul-Americanas, formada recentemente – assumiu uma posição contrária bastante forte. A primeira coisa que a organização fez foi apoiar o presidente. Quase não se falou disso aqui, mas isso também teve uma importância grande.

A Cúpula das Américas, em Cartagena, na Colômbia, também foi muito interessante. A única coisa que se noticiou por aqui foi que o serviço secreto saiu com prostitutas, mas o que aconteceu de fato foi bem importante. Havia dois problemas principais. Um era a admissão de Cuba. Os Estados Unidos se recusavam a aceitar o país, mas o resto do continente insistiu, à parte do Canadá. Por fim, aceitaram adiar a decisão, mas é pouco provável que aconteça o mesmo de novo se houver outra reunião hemisférica. Portanto, Cuba seria admitida e os Estados Unidos – e o Canadá também, se continuar seguindo a linha estadunidense – seriam excluídos.

A outra questão é a guerra às drogas. A maioria esmagadora do continente quer que ela acabe. Na Colômbia, o legislativo chegou a apresentar uma proposta para descriminalizar todas as drogas, e há movimentos parecidos em outros lugares. Todos compreendem bem que a guerra às drogas só serve aos interesses dos Estados Unidos. A demanda por drogas está aqui, o suprimento de armas está aqui – das armas que matam pessoas no México, a maioria sai do Arizona e do Texas –, mas a guerra está destruindo a população da América Central e do Sul. E apesar de tudo isso, o consumo de drogas continua o mesmo ou até piora. Assim, os países latino-americanos querem sair dessa guerra dos Estados Unidos que está destruindo a sociedade deles. Os Estados Unidos e o Canadá ficaram quase totalmente isolados nessa oposição.

Bom, e aí você tem uma conferência hemisférica com dois grandes problemas em que o hemisfério todo está bem unido e os Estados Unidos e o Canadá estão excluídos. É uma mudança tremenda nas relações internacionais. Essa região já foi chamada de "quintal", de "joguete" dos Estados Unidos. "A gente faz o que quiser aqui." Agora, há um movimento para uma profunda independência. Aliás, há cerca de um ano [em 2010], foi formada uma nova organização na Venezuela, a Celac – Comunidade de Estados Latino-Americanos e Caribenhos –, que exclui formalmente os Estados Unidos e o Canadá. É o hemisfério todo, sem Estados Unidos e Canadá. Isso seria inimaginável dez anos atrás.

ANDRE VLTCHEK

Seria inimaginável, concordo. E não podemos esquecer que os narcóticos vêm da Colômbia, que é, inclusive, um dos últimos aliados dos Estados Unidos na América do Sul. É o único governo de direita, com exceção daquele do Chile, que não vai durar muito.

Fiz uma viagem recente à Bolívia e fiquei muito impressionado. Passei o dia todo na praça principal de Cochabamba, observando os médicos, tanto bolivianos quanto cubanos. Antes, a segregação no país era fortíssima, e foi emocionante ver, agora, clínicas itinerantes e médicos brancos atendendo pessoas indígenas. Milhares de mães chegavam para registrar os filhos, porque a maioria nasceu fora do casamento. Eles passaram décadas sem direitos, mas agora o governo está pedindo para registrá-los, para que possam receber benefícios sociais. Dezenas de nutricionistas estavam de plantão, informando a população sobre dieta saudável com base no que o país e as comunidades produzem. Todo o centro da cidade foi convertido em um imenso posto de saúde e assistência social. O governo da Bolívia estava inclusive indo até as comunidades para buscar e incentivar as pessoas a irem à cidade para se registrar e receber atendimento médico gratuito.

Quando saí da cidade e fui para La Paz, fiquei muito emocionado e cheio de esperança.

A Venezuela é outro país que considero muito impressionante, de muitas formas. Dois anos atrás, fui para lá e trabalhei na cidade antichavista de Maracaibo. Eu queria ver como os reacionários pensam. Também fui para Mérida, Ciudad Bolívar, Caracas, claro, e Canaima, terra indígena no meio da selva. Lembro que peguei um *por puesto* para Ciudad Bolívar, aqueles carros enormes que oferecem serviço de táxi compartilhado, cheio de gente da oposição. Eu queria ouvir o que eles tinham a dizer, então fui fazendo várias perguntas. Eles foram até bem simpáticos comigo, provavelmente porque sabiam que eu tinha um passaporte dos Estados Unidos.

Um deles disse: "Ah, você é estrangeiro, é fácil para você apoiar Chávez. Daqui a pouco você vai embora e, na sua casa, tem democracia. Não temos democracia aqui". Lembro que respondi: "Olha, comparar a democracia do seu país e do meu é a mesma coisa que sentar no mesmo carro nesta mesma estrada... Nos Estados Unidos, se eu votasse, seria para escolher seguir na mesma direção, só entre a pista direita ou esquerda. Mas quando você vota aqui – a favor ou contra Chávez –, é uma opção entre duas direções opostas, para frente ou para trás". Eles não estavam a fim de ouvir isso, mas gostaram da metáfora e deram risada. Mas é isso que penso mesmo.

No Chile, foram vinte anos de governo de *Concertación*. Não era uma coalizão tão à esquerda, mas de qualquer forma foi uma guinada brusca do que o país teve durante a ditadura de Pinochet. A situação em toda a América Latina também influenciou o Chile, influenciou o movimento do país para a esquerda. E depois Michelle Bachelet Jeria foi eleita presidenta. Socialista, mulher, torturada durante a ditadura, teve o pai morto pelo regime. Mas embora ela tivesse uma popularidade imensa, não podia concorrer para um segundo mandato, porque a Constituição do país proibia a reeleição, então um empresário conservador, Sebastián Piñera, venceu e assumiu o poder. Mas o Chile continua sendo um país social-democrata. Não é socialista de fato no momento, mas social-democrata. Não há nada que o governo possa fazer para impedir ou reverter o processo em apenas quatro anos. Hoje, a população exige educação e saúde gratuita, há um clima de otimismo e esperança, e há luta. O Chile é muito importante, pois é o país mais avançado da América Latina, com grandes tradições socialistas e uma enorme cultura progressista.

Depois que Pinochet foi obrigado a sair da presidência, o país ficou totalmente entregue ao setor privado. Ali começou um lento processo para reverter a tendência herdada dos longos anos de ditadura. O governo começou a construir um plano de saúde com a chamada "cobertura assistencial das doenças catastróficas". A ideia era que a conta do tratamento das doenças mais destruidoras seria coberta pelo Estado. A princípio, só quatro ou cinco enfermidades tinham cobertura, quase nada. Mas agora já são mais de cem. Não seria possível arcar com um sistema de saúde totalmente socializado desde o início, então foram incluindo outras doenças e condições de saúde à lista de "doenças catastróficas", uma por uma.

Hoje, o Chile tem hospitais públicos muito bons. Nem tudo é perfeito: ainda é preciso se registrar, pagar alguma coisa pelo tratamento, às vezes um valor simbólico, às vezes um valor alto. E, sem dúvida, o Chile tem alguns problemas na educação, como sabemos. Não tem gratuidade no ensino superior, ao contrário de México e Argentina. Mas o povo chileno está lutando por um sistema gratuito de saúde e educação. E sendo um dos países mais ricos do hemisfério ocidental, podem alcançar essas duas metas em breve.

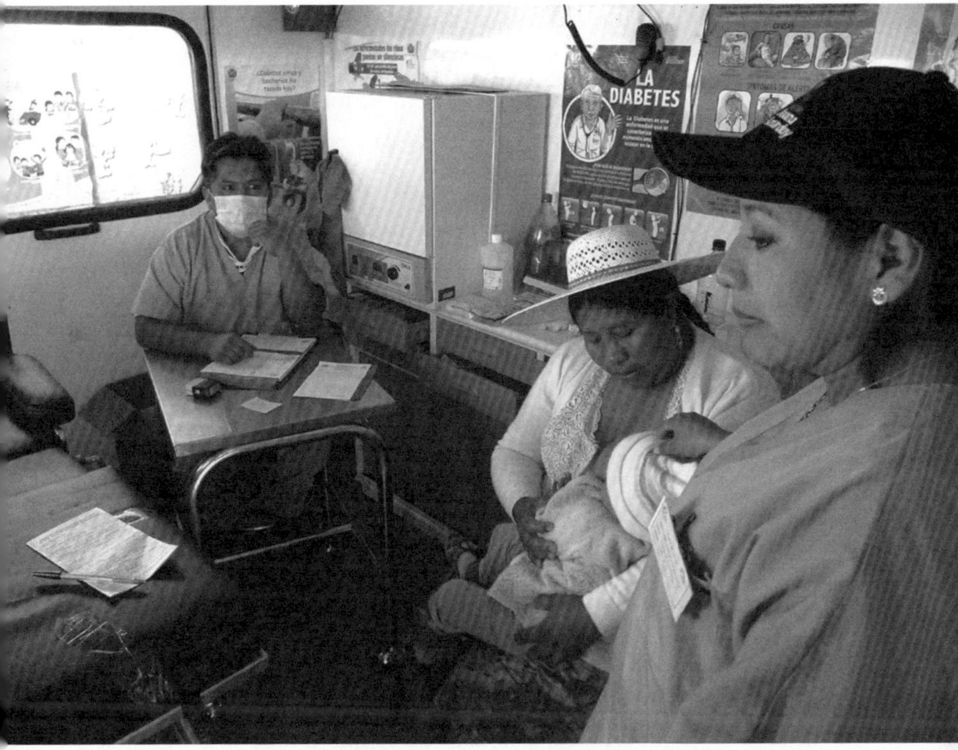

Clínica itinerante gratuita em Cochabamba, na Bolívia. (Copyright Andre Vltchek)

NOAM CHOMSKY

Fui pela primeira vez ao Chile alguns anos depois da queda de Pinochet. Deve ter sido por volta de 1995. Fui para Concepción, uma cidade linda, muito agradável. Meus amigos de lá me disseram que ainda tinham medo de falar com os próprios amigos. Isso foi depois de alguns anos de gestão da *Concertación*, mas ainda existia um clima de medo. Ninguém sabia quem era informante. E percebi, ao falar com jornalistas, que quando havia soldados por perto, eles paravam de falar. Em uma ocasião, eu estava atravessando o imenso *campus* de uma universidade com amigos e passei por um grande prédio vazio. Perguntei por que ele estava vazio, e explicaram que o edifício deveria ter sido usado para moradia estudantil, mas os militares alegaram que não poderia haver estudantes no *campus*. Por isso, a construção ficou vazia. O que me impressionou foi que eles não pensaram que poderiam fazer alguma coisa a respeito.

ANDRE VLTCHEK

Fui ao Chile pela primeira vez dois ou três anos depois que a ditadura caiu, e acabei morando lá por quase três anos. No começo, foi terrível, angustiante, como você descreveu. As pessoas tinham medo. Quase todo porteiro de Santiago era delator. Mas logo foi possível ver que a sociedade começou a mudar e a se regenerar.

Meu melhor amigo no Chile é arquiteto e fotógrafo, Alejandro Wagner. Durante esse período, lembro de dar carona para ele e ele ficar muito assustado quando via a polícia, mesmo em um carro com uma placa estrangeira. Mas ele era chileno, então tinha medo de ser parado.

Hoje em dia, já acontecem manifestações políticas abertas em Santiago, e a polícia só acompanha. De tempos em tempos há confronto com estudantes, mas agora os dois lados se machucam, não só quem se manifesta. Daria quase para dizer que é uma luta de igual para igual. Mas que mudança, que diferença do passado!

NOAM CHOMSKY

Presenciei uma coisa parecida na Nicarágua. Um dos meus amigos mais próximos da Nicarágua nos anos 1980 era César Jerez, à época reitor da Universidade Centro-Americana. Ele era guatemalteco e tinha uma posição de destaque na ordem jesuíta. Teve de fugir da Guatemala quando ameaçaram matar todos os jesuítas. Ele fugiu para El Salvador, onde tinha uma relação muito próxima com Óscar Romero. Romero era quase camponês, e César se tornou algo como um intelectual da casa para ele. Romero escreveu uma carta com um apelo para que o presidente [dos Estados Unidos] Jimmy Carter não enviasse ajuda militar para a junta, porque isso estava sendo usado só para destruir os direitos humanos elementares da população. Quem escreveu essa carta, na verdade, foi César.

Um dia depois de Carter receber a carta, César recebeu uma ligação do Vaticano com a ordem para que ele voltasse a Roma. Então ficou evidente que o governo Carter estava de olho. Sabiam que era ele o responsável por aquilo e devem ter pedido às autoridades para silenciar o padre encrenqueiro. Já em Roma, ele se encontrou com o líder da ordem jesuíta, que perguntou qual era o plano dele. E aí ele teve uma audiência com o Papa. O Papa foi evasivo, não disse que "sim" nem que "não". Então César entendeu como uma autorização. Ele voltou a El Salvador e, dois dias depois, Romero foi morto.

Depois disso, César fugiu para a Nicarágua, um lugar parecido com a Paris dos anos 1930, onde as pessoas buscavam refúgio dos regimes assassinos apoiados pelos Estados Unidos. Lá, ele se tornou reitor da universidade e passou a ser uma liderança jesuíta. Um dia, eu estava andando com ele pelas ruas de Manágua e fomos parados pela polícia por uma questão pequena, então ele preferiu ser amigável. Conversou com o policial e depois me disse: "Este é o único país da América Central onde você não precisa ter medo da polícia. Se for parado, é só conversar". Se fosse em outro lugar, ele teria ficado apavorado.

ANDRE VLTCHEK

Quando fui para lá, não faz muito tempo, devo dizer que o clima da Nicarágua era totalmente relaxado, agradável e confortável, apesar do legado do regime de Arnoldo Alemán. Parece uma sociedade muito nobre. Estátuas de poetas por toda parte e poemas literalmente pendurados nas árvores nos parques, gravados nos bancos. A população de lá é muito mais letrada que em outros lugares da região, como El Salvador e Panamá.

Carcaça da embarcação Hope, afundada pelos contrarrevolucionários apoiados pelos Estados Unidos na Nicarágua. (Copyright Andre Vltchek)

NOAM CHOMSKY

Nos anos 1990, eu tinha uma filha e família que moravam lá, mas era muito triste visitá-los. Tinha um sentimento de desesperança. Nos anos 1980, era uma empolgação, as pessoas tinham um entusiasmo, acreditavam que conquistariam alguma coisa, mas, no fim da década de 1980, a história já era outra. As pessoas estavam deprimidas, não conseguiam combater os Estados Unidos. Poucas pessoas acreditavam que a esquerda perderia a eleição de 1990. Foi o medo que a derrotou. Mas, nos anos 1990, o que eu pude ver foi uma sociedade devastada. Homens se embriagando, as esposas saindo de manhã para levá-los para casa, as mulheres fazendo tudo que você vê em uma sociedade destruída.

Para ficar só em um exemplo, minha filha morava em uma comunidade que poderia ser considerada de classe média. Ficava perto de uma favela terrível, mas ali tinha condições melhores de teto, chão de concreto, energia elétrica algumas horas por dia, água somente à noite, que ela guardava. Tinha um parquinho infantil perto da casa dela, mas, no clima tropical, os brinquedos estavam enferrujando, e as crianças não podiam brincar. Entre os homens do bairro, metade era soldador, carpinteiro ou alguma coisa parecida, mas havia sobrado tão pouco espírito comunitário que eles nem tinham vontade de tirar uma tarde para consertar o parquinho para os próprios filhos. Eu tinha a impressão de que, fossem dez anos antes, alguma associação de bairro teria feito isso. Mas havia um sentimento de "fizemos um grande esforço, apanhamos e perdemos, não podemos fazer nada".

ANDRE VLTCHEK

Eu me lembro disso. Há uns dez anos, quando morei na Costa Rica, eu ia de carro para a Nicarágua para conversar com antigos sandinistas, para ver o que estava acontecendo com eles. Conversei com Edén Pastora, com Daniel Ortega – que voltou à presidência do país em 2007 –, mas era em vão. Antes das eleições, o embaixador dos Estados Unidos espalhava quase abertamente a mensagem de que, se os sandinistas vencessem, a campanha de terror recomeçaria. Foi uma abordagem mafiosa: "Se não fizer o que mandamos, vamos quebrar sua perna." Então as pessoas votaram na direita por medo.

De certa forma, ainda se vê esse espírito em lugares como o sul e o sudeste da Ásia, onde as pessoas estão destruídas, desde a Indonésia até as Filipinas e a Índia. Você vê isso na África. Tem um limite para o esforço. Quando você tenta tantas vezes e só apanha e perde, acaba perdendo a esperança e a força de lutar. Felizmente, a situação mudou muito em toda a América Latina!

Cerca de cinco ou seis anos atrás, conheci o grande escritor uruguaio Eduardo Galeano, no café favorito dele em Montevidéu, chamado Brasileiro. Passamos horas conversando. Ele me disse uma coisa que sempre me volta à memória: "O pior que se pode fazer ao pobre é tirar sua esperança". Disse que tirar a esperança do pobre é pior que assassinar uma pessoa, porque quando você morre, morreu. Mas a esperança muitas vezes é tudo que a pessoa pobre tem, tudo que a sustenta. Ele explicou: "Por isso digo a todo o meu povo do continente: 'Companheiros, não brinquem com a esperança da população! Honrem suas promessas'". Acredito que, pela primeira vez, vários líderes da América Latina estão fazendo todo o possível para não trair a esperança do povo.

Oriente Médio e Primavera Árabe

ANDRE VLTCHEK

Uma coisa que precisamos discutir é o Oriente Médio. Podemos talvez começar com o celebradíssimo primeiro-ministro [britânico] Winston Churchill e suas declarações sobre o Oriente Médio, e o envolvimento dele na região após a Segunda Guerra Mundial.

NOAM CHOMSKY

Eu o considerava pavoroso, racista, mas assim também era a classe dominante britânica. Os britânicos inauguraram o uso de aeronaves contra as populações de povoados. O próprio Churchill preferia gases tóxicos – não do tipo mais letal, mas só o suficiente para desencadear um "terror enérgico" nos corações de "tribos incivilizadas". Depois da Primeira Guerra Mundial, aconteceram coisas desse tipo, a Força Aérea Real britânica foi utilizada para bombardear civis curdos, afegãos e iraquianos. O Iraque foi, de certa forma, criado pelos britânicos a partir de seus próprios interesses. Houve uma rebelião, uma rebelião xiita, que foi aniquilada com ataques aéreos. Foi realizada uma conferência para o desarmamento, para proibir o uso de aeronaves contra civis, e os britânicos conseguiram desarticulá-la. Se você consultar o diário de [David] Lloyd George na época, ele aplaudiu isso. Disse que era uma coisa boa, porque precisamos "nos reservar o direito de bombardear os pretos".

Então, sim, Churchill era horrível, assim como todo o resto, com pouquíssimas exceções. Mas o racismo era inacreditável, e continua existindo. Os britânicos foram perdendo aos poucos o controle sobre o Oriente Médio, porque o Reino Unido foi se enfraquecendo após a Primeira Guerra Mundial. Embora não fosse mais o que já tinha sido, o país ainda se manteve como grande potência imperialista no mundo, inclusive sobre o Oriente Médio, até a Segunda Guerra Mundial. Mas, mesmo ao longo da Segunda Guerra, havia meio que uma "miniguerra" entre Estados Unidos e Reino Unido pela Arábia Saudita. No fim dos anos 1930, as petrolíferas estadunidenses descobriram petróleo na Arábia Saudita. Perceberam que era coisa grande, apesar de não terem ainda, naquele momento, a real dimensão daquilo. Os britânicos também estavam por lá, e, durante a Segunda Guerra, houve uma disputa para se decidir quem assumiria esse controle. Os britânicos tentaram, tinham recursos, experiência e pessoal.

Os Estados Unidos ficaram preocupados. Um diplomata estadunidense de alto escalão alertou que os britânicos estavam tentando "engambelar [as empresas dos Estados Unidos]" para tomar as concessões do país na Arábia Saudita. Bom, para impedir isso, [Franklin D.] Roosevelt editou um decreto presidencial determinando que a Arábia Saudita fosse considerada uma aliada democrática na linha de frente da batalha contra o nazismo, ou algo nessa linha. Isso permitiu o recebimento de auxílio pelo programa Lend-Lease[7], então eles conseguiram comprar a família real com o agradecimento por ser uma grande democracia na luta contra o nazismo. A guerra acabou com os Estados Unidos no controle. E já no fim da Segunda Guerra Mundial, quando os EUA estavam dividindo o mundo, expulsaram os franceses com justificativas muito parecidas. O argumento foi de que os franceses colaboraram com os fascistas, por causa de Vichy, e tinham perdido os direitos ao serem conquistados. Os Estados

[7] N. da T.: programa implementado pelos Estados Unidos entre 1941 e 1945 para o fornecimento de armas e suprimentos, por empréstimo, a nações aliadas.

Unidos fizeram algum malabarismo jurídico no Departamento de Estado. Deixaram os britânicos ficarem, mas como "sócio júnior".

Quando aconteceu o golpe no Irã, em 1953, os britânicos tentaram levar a investida a cabo, mas não conseguiram. Precisavam do apoio dos Estados Unidos. Conseguiram o apoio de [Dwight] Eisenhower e, basicamente liderados pelos Estados Unidos, conseguiram derrubar o governo. Mas uma condição foi que as petrolíferas estadunidenses teriam de ficar com 40% da concessão britânica. O interessante foi que as empresas dos Estados Unidos não queriam isso, porque havia muito petróleo, e o da Arábia Saudita era mais barato. Eles lucravam mais com a Arábia Saudita e sabiam que irritariam os sauditas se transferissem as operações para o Irã, então se recusaram a participar. O governo ordenou que assumissem a concessão, e a gestão Eisenhower ameaçou entrar com processos antitruste se essas empresas não obedecessem às ordens e assumissem 40% da concessão iraniana. Foi um caso raro em que o poder estatal prevaleceu sobre o poder corporativo concentrado, porque as autoridades de Estado estavam com uma visão mais de longo prazo, sem se concentrar só no lucro do dia seguinte.

Na verdade, com Cuba também foi assim. As corporações estadunidenses passaram anos querendo estabelecer relações normais com Cuba. Setores imensos do sistema corporativo: agronegócio, energético, farmacêutico. Não são atores pequenos. Mas o governo não deixou, porque os Estados Unidos tinham que punir Cuba pelo que Washington chamou de "rebeldia de sucesso" contra a política dos Estados Unidos há 150 anos, desde a Doutrina Monroe de 1823. A Doutrina Monroe anunciou que a "América" assumiria o controle do hemisfério. Então os cubanos tiveram que ser punidos pela rebeldia de sucesso, enquanto a população estadunidense, em sua grande maioria, era a favor de normalizar as relações. Está certo que a população não é ouvida, isso é normal. O mais impressionante foi que grandes setores do poder econômico perderam a disputa, como foi o caso do Irã em 1953.

Acho que isso também acontece no Irã hoje. Como se trata de um evento contemporâneo, ainda não temos nada documentado, mas aposto que, quando começarem a aparecer informações, vão mostrar que as grandes corporações do setor energético gostariam de voltar ao Irã. Elas não querem deixar tudo para os chineses, mas o governo vai proibi-las de fazer isso, porque precisamos punir o Irã.

Bom, voltando ao Oriente Médio depois da Segunda Guerra Mundial. O papel dos britânicos no Irã foi reduzido, e os Estados Unidos começaram a dominar. No Iraque de 1958, havia um governo chamado de "independente", que era basicamente controlado pelos britânicos e foi derrubado por um golpe militar. Alguns anos depois, os Estados Unidos conseguiram arquitetar um golpe que derrubou o governo nacionalista de tipo nasserista, e foi aí que Saddam Hussein entrou na história. A CIA entregou uma longa lista de comunistas, radicais e professores para o novo governo baathista, e foram todos assassinados. E aí chegamos ao presente: os Estados Unidos têm a expectativa de controlar o Iraque. Na Arábia Saudita, os britânicos eram o "sócio júnior". No fim, os britânicos se retiraram e deixaram tudo para os Estados Unidos.

ANDRE VLTCHEK

Claro, a Arábia Saudita tem um poder tremendo de desestabilizar o mundo, e sua influência vai desde o Bahrein até a Indonésia. No Bahrein, existe o medo de que o país seja anexado pela Arábia Saudita. O exército saudita fica entrando e saindo do Bahrein.

NOAM CHOMSKY

Os sauditas estão injetando dinheiro em tudo quanto é lugar para financiar as formas mais extremas de islamismo radical – o wahabismo – em madraçais, no Paquistão, injetando dinheiro no Egito para apoiar os salafitas, todos elementos islâmicos radicais. Os Estados Unidos estão felizes com isso e não tentam impedir essas ações.

A ideia de que os Estados Unidos se opõem ao islamismo radical é estapafúrdia. O Estado islâmico mais extremista e fundamentalista do mundo é a Arábia Saudita, que está nas graças dos Estados Unidos. O Reino Unido também tem um histórico consistente de apoio ao islamismo radical. A motivação aqui era se opor ao nacionalismo secular. As relações dos Estados Unidos com Israel chegaram à proximidade atual em 1967, porque Israel prestou um serviço importantíssimo ao esmagar o nacionalismo secular e defender o islamismo radical.

Um historiador diplomático britânico chamado Mark Curtis escreveu um livro muito bom alguns anos atrás chamado *Secret Affairs: British Collusion with Radical Islam* [Relações secretas: o conluio britânico com o islamismo radical]. Curtis analisou os arquivos britânicos ligados ao islamismo, e descobriu que os britânicos apoiaram de forma consistente elementos islamistas radicais, parecido com o que os Estados Unidos estão fazendo. Podiam até não gostar deles, mas preferiam isso aos nacionalistas seculares. Os nacionalistas seculares tinham feito uma ameaça: ameaçaram tomar os recursos e usá-los para o desenvolvimento nacional. E esse é o pior pecado. Por isso, houve apoio aos islamistas radicais.

ANDRE VLTCHEK

O apoio dos Estados Unidos aos *mujahidin* do Afeganistão está muito bem documentado, mas o que não é tão conhecido é que quase todos os movimentos islamistas radicais do Sudeste Asiático estão de alguma forma conectados com aquela guerra no Afeganistão. Foi lá que os quadros islamistas radicais do Sudeste Asiático se radicalizaram e foram doutrinados, nos campos de batalha do Afeganistão. Lá, eles lutaram em nome do Ocidente, foram pagos com dinheiro ocidental e foram armados por Washington e Londres.

Favela nos arredores de Lima, no Peru. (Copyright Andre Vltchek)

NOAM CHOMSKY

Estão por toda parte, na Líbia, na Argélia…

ANDRE VLTCHEK

A própria Primavera Árabe é um assunto muito polêmico e complexo. Qual é a sua visão sobre os desdobramentos no Egito e na Tunísia?

Primeiramente, o que aconteceu teve grande importância histórica de fato. Houve muitos problemas, mas o que já se alcançou é muito relevante. Naturalmente, as forças islamistas tomaram o controle do sistema parlamentar. Elas já se organizavam há décadas e recebem um grande apoio financeiro da Arábia Saudita, que tem a forma mais reacionária de islamismo que existe no mundo. E os Estados Unidos, o Reino Unido e a França estão bem dispostos a tolerar a Irmandade Muçulmana, islamista, por ser basicamente neoliberal.

Na Tunísia, o Ennahda, partido islamista até moderado, acabou assumindo praticamente tudo. No Egito, a situação ainda está se desenrolando. Mas o que chama atenção é que esses dois países onde houve o maior progresso, Egito e Tunísia, são os dois países que tinham um movimento forte de trabalhadores militantes, que lutavam há anos por direitos trabalhistas. No Egito, os protestos na Praça Tahrir foram liderados e iniciados pelo chamado Movimento 6 de Abril, de jovens profissionais. Por que 6 de abril? Bom, porque nesse dia, em 2008, houve grandes protestos de trabalhadores organizados no conglomerado industrial de [Al-]Mahalla [Al-Kubra], com atividades de apoio em outros lugares, e que foram reprimidas pela ditadura. Um grupo de jovens trabalhadores se uniu para continuar a luta sob aquele mesmo nome e desencadeou os levantes de janeiro de 2011, a Primavera Árabe no Egito.

Uma das conquistas reais da Primavera Árabe no Egito foi reduzida, e talvez até eliminada, com a repressão à organização de trabalhadores. Foi a primeira vez que conseguiram organizar sindicatos independentes, uma coisa que nunca tinha sido possível, e talvez conquistar mais independência. Houve casos de trabalhadores que tomaram fábricas, várias coisas positivas. Mas isso ainda precisa se materializar no sistema parlamentar.

A outra conquista, no Egito e na Tunísia, foi um extremo relaxamento da repressão à liberdade de expressão. Então, hoje, a imprensa e a mídia estão bem livres e abertas, existe debate livre e aberto. Todos esses desdobramentos são muito importantes. Os militares ainda estão lá, mais no Egito que na Tunísia, mas suspeito que essa agitação criada vai gerar ainda mais coisas. Ainda está em um estágio muito inicial.

Com relação aos Estados Unidos e ao Ocidente, seria quase intolerável permitir uma democracia funcional na região. E se alguém quiser saber o motivo disso, é muito fácil descobrir. Basta olhar as pesquisas que saíram logo antes do início da Primavera Árabe. No fim de 2010, às vésperas da Primavera Árabe, foram realizadas pesquisas de opinião no mundo árabe, sobretudo no Egito, conduzidas por grandes institutos ocidentais de pesquisa. Desde então, foram feitos outros levantamentos, e os resultados em geral são parecidos. Por exemplo, no Egito, o país mais importante, cerca de 80% da população ou mais considera os Estados Unidos e Israel como suas principais ameaças. Algo em torno de 10% considera o Irã uma ameaça. Na verdade, a oposição à política dos Estados Unidos é tão forte que uma maioria considerável acreditava que a região estaria em uma situação melhor se o Irã tivesse armas nucleares para compensar o poderio dos Estados Unidos – e de Israel como cliente dos Estados Unidos. Parte dos resultados foi semelhante em todo o mundo árabe.

Bom, em uma democracia séria, as opiniões populares teriam alguma influência na elaboração de políticas. Portanto, fica bem evidente que, se depender de Londres, Paris e Washington, não vão permitir que isso aconteça. Eles precisam fazer de tudo para abalar os elementos democráticos da Primavera Árabe, e é isso que vêm fazendo. Essa postura é bem consistente com o que já se viu no passado, não só nessa região. Nos países que interessam mais a eles, nas ditaduras petrolíferas, praticamente não aconteceu nada, nenhuma mudança. Os levantes foram logo reprimidos. No Bahrein, a Arábia Saudita enviou forças militares, que permitiram que o rei coibisse os protestos com muita violência, com invasão de hospitais, tortura e tudo mais. Ouviu-se alguma crítica no Ocidente, mas não muita. E mais importante, no leste da Arábia Saudita, tem uma população xiita que sofreu uma repressão muito pesada. É a região onde está a maioria do petróleo, então é um lugar muito delicado.

No Egito e na Tunísia, os Estados Unidos e aliados seguiram o plano tradicional, já adotado à exaustão, onde algum ditador favorecido não consegue se manter, talvez com a perda do apoio dos militares – como [Anastasio] Somoza, [Ferdinand] Marcos, [François] Duvalier, [Hadji Mohamed] Suharto, Mobutu [Sese Seko], entre outros. O plano então é apoiá-lo até o último momento e, quando a situação se torna insustentável, mandá-lo para algum lugar e tentar reconstruir a antiga ordem. E, claro, dizer o quanto se ama a democracia. Essa é a rotina. Tem que ser muito esperto para não ver.

Aliás, também tem um caso interessante no Leste Europeu: [Nicolae] Ceaușescu, o pior dos ditadores comunistas, mas um queridinho do Ocidente. Reagan e [Margaret] Thatcher o adoravam. Deram apoio a ele até o último segundo e, quando ficou impossível continuar – ele acabou sendo derrubado e morto –, o plano de rotina foi implantado novamente. É exatamente o que estão fazendo no Egito e na Tunísia. Por algum motivo, isso não é visto. É mais um exemplo de colonialismo internalizado. Mesmo acontecendo repetidas vezes, você não consegue enxergar. A única coisa que vemos é nosso amor pela democracia.

ANDRE VLTCHEK

Uma coisa que sinto falta na chamada Primavera Árabe é a solidariedade entre os países árabes. A revolta parece muito fragmentada. Mesmo as revoltas populares muito positivas parecem pulverizadas.

Protesto em frente ao Palácio Presidencial no Cairo, Egito, em fevereiro de 2013. (Copyright Andre Vltchek)

NOAM CHOMSKY

Acho que a Primavera Árabe ainda está em uma etapa incipiente. Foi apenas na última década, mais ou menos, que a América Latina passou, pela primeira vez desde os tempos dos conquistadores, a se mover no sentido da integração e da independência. E também começou a lidar com alguns problemas sociais internos, que são terríveis. São desdobramentos de importância histórica de fato e, se a Primavera Árabe seguir na mesma direção – ainda há chance disso –, provocará uma mudança substancial na natureza da ordem mundial, e é por isso que o Ocidente está fazendo de tudo para impedir que isso aconteça.

Minha suspeita é de que o governo logo perderá toda a credibilidade e não conseguirá lidar com os problemas fundamentais que provocaram os levantes: as políticas neoliberais e seus efeitos. Elas serão simplesmente instituídas mais uma vez. Acho que isso perpetuaria o desastre e, com a experiência dos últimos anos e as conquistas reais, porém limitadas, poderia desencadear um novo levante.

ANDRE VLTCHEK

Na tentativa do Ocidente de aprovar a resolução da ONU contra a Síria, a Rússia e a China se opuseram. Foi um sinal claro de que as duas potências – China e Rússia – não estão dispostas a aceitar ordens do Ocidente e estão prontas para cooperar com o imperialismo que se opõe a ele. Foi um desdobramento importante, mas acabou sendo interpretado da forma mais virulenta pela mídia hegemônica.

NOAM CHOMSKY

Não foi só a Rússia e a China. Todos os países do Brics – Brasil, Rússia, Índia, China, África do Sul – se opuseram à intervenção militar. É mais conveniente colocar a culpa na Rússia e na China, porque são os inimigos oficiais, então a acusação se encaixa na imagem da propaganda. Imagino que, se tivéssemos documentos internos, descobriríamos que o Departamento de Estado dos Estados Unidos e Obama estão bem felizes com o veto da Rússia e da China à resolução da ONU. Isso cria um pretexto para não fazer nada, com a alegação de que: "Poxa vida, seria ótimo intervir e ajudar, mas o que podemos fazer?".

Quer dizer, se os Estados Unidos quisessem intervir, não se importariam nem um pouco com a decisão do Conselho de Segurança. O país já ignorou decisões inúmeras vezes, mas agora cria-se um pretexto conveniente. Fica evidente que eles não querem se envolver diretamente, porque ainda não têm certeza de quem apoiam e quais seriam as consequências. Pense o que quiser de Assad, no passado, ele se enquadrava bem nos interesses dos Estados Unidos e de Israel, mantinha a estabilidade e tudo mais. Para as classes empresariais, um regime pós-Assad poderia ser muito menos receptivo aos seus interesses. Então estão tentando manter a distância e, assim, podem culpar a Rússia e a China, deixar de lado o papel do Brics e não mencionar o fato de que, se quiséssemos fazer qualquer coisa, nada mais importaria.

ANDRE VLTCHEK

Outros países latino-americanos, como a Bolívia, também se opuseram à resolução. Mas os governos revolucionários da América Latina são tão populares no mundo que eu concordo com você: o Ocidente acha mais fácil colocar a culpa do veto da resolução nos dois países para os quais dedica todo seu esforço de descrédito: China e Rússia.

NOAM CHOMSKY

Isso se aplica à maioria das questões, como a Líbia, por exemplo. Praticamente não houve apoio ao bombardeio exceto pelas três potências imperialistas tradicionais: Reino Unido, França e Estados Unidos. A União Africana pedia negociações e diplomacia. Os países do Brics também. A International Crisis Group, grande agência não governamental, também tinha uma posição parecida. Na América Latina, a mesma coisa, assim como nos países não aliados, na Turquia e na Alemanha. Quase não houve apoio ao bombardeio. Fala-se em "comunidade internacional", mas o termo não significa nada. O apoio foi limitadíssimo e havia motivo para isso. Havia uma resolução da ONU, adotada em março de 2011, que estabelecia uma "zona de exclusão aérea", a proteção de civis, um cessar-fogo e negociações. Bom, as potências imperialistas não quiseram nem saber. Queriam entrar em guerra e impor seu próprio tipo de governo. E o mundo foi contra, preocupado com a possibilidade de que uma grande guerra levaria a uma catástrofe humanitária – o que acabou acontecendo. Esse é um dos motivos pelos quais ninguém fala sobre isso hoje. A Líbia virou um grande desastre. Nos últimos bombardeios na região próxima de Sirte, que é a base da maior tribo da Líbia, o que aconteceu ali? Os efeitos foram pavorosos. Alguns observadores afirmaram que a situação lembrava Grózni.

A mesma coisa acontece com o Irã, na verdade. Nesse caso, são os Estados Unidos e a Europa que alegam que o país é um grande perigo para a paz mundial. Há anos os países não alinhados fazem uma defesa vigorosa do direito do Irã de enriquecer urânio, e os países do Brics também não seguem a linha da acusação. A Índia se recusa a seguir e está aumentando o comércio com o Irã. E a Turquia está aumentando as relações comerciais com o Irã.

O caso mais interessante é o do mundo árabe. Os Estados Unidos informam aqui o apoio dos árabes à política estadunidense com relação ao Irã. Trata-se de uma referência muito cuidadosa aos ditadores. Você sabe que os ditadores dizem que apoiam a política, mas a população não apoia. As próprias populações, em diversas pesquisas, já disseram que, apesar de não gostar do Irã, não consideram o país uma ameaça grave. Para elas, as ameaças são os Estados Unidos e Israel. E pouco antes da Primavera Árabe, a maioria no Egito disse que seria melhor se o Irã tivesse armas nucleares, apesar de não gostar do país e de sem dúvida não querer que tenha.

ANDRE VLTCHEK

Desenvolver armas nucleares é, provavelmente, a única forma de o Irã sobreviver.

NOAM CHOMSKY

Bom, para os egípcios, até pouco antes da Praça Tahrir, essa era a forma de protegê-los dos Estados Unidos e de Israel, seus principais inimigos.

Então, de novo, quase nenhum apoio ao ataque contra o Irã. É uma guerra – já é uma guerra. A guerra cibernética é uma guerra. As sanções são praticamente um bloqueio, e isso é um ato de guerra. É um ato dos Estados Unidos e dos europeus, não do mundo. E a propósito, quase não há debate sobre a forma mais óbvia de se lidar com o problema, que seria dar início à construção de uma zona livre de armas nucleares na região. O apoio a isso no mundo é imenso e vem sendo liderado pelo Egito há anos. Houve uma solicitação formal para os Estados Unidos apoiarem a ideia, mas não agora, por causa de Israel. Mas se a intenção com relação a armas nucleares na região é séria, esse é o caminho óbvio.

Enquanto isso, a inteligência dos Estados Unidos continua insistindo que não sabe de nenhum programa de armamento nuclear do Irã e que, se houvesse algum, levaria anos até chegar a algum lugar. Então mesmo que você ache que há uma ameaça, ela não é iminente. Aliás, a pergunta mais interessante é: "Qual é a ameaça?" Fala-se muito sobre a pior ameaça à paz mundial, mas que ameaça é essa exatamente? Existe uma resposta inquestionável que nunca é publicada. Todo ano, a inteligência dos Estados Unidos e o Pentágono fornecem uma análise ao Congresso do país sobre a situação da segurança mundial, e é um documento público, apesar de não virar notícia. Se você for ler, verá que dizem que não há ameaça militar. O Irã tem um gasto militar baixíssimo, mesmo para os padrões da região. A doutrina estratégica do Irã é vista como defensiva. Com relação a armas nucleares, o que afirmam é: "Bom, se houver programa de armamento nuclear, seria parte da estratégia de dissuasão". O que querem é dissuadir os Estados Unidos e Israel, basicamente, de atacar. Então a ameaça real é que pode haver uma dissuasão. Além disso, acusam o país de tentar desestabilizar os países próximos, Iraque e Afeganistão, o que significa tentar expandir a influência para esses vizinhos. Quando somos nós que invadimos e destruímos esses países, isso se chama "estabilidade". Quando nossos inimigos tentam fortalecer relações políticas e comerciais, chama-se "desestabilização". Essa é a ameaça do Irã.

Campo de treinamento para a "oposição" síria perto de Hatay, na Turquia. (Copyright Andre Vltchek)

ANDRE VLTCHEK

Outra "ameaça" provavelmente seria o fato de que o Irã está construindo alianças com outros países que o Ocidente tenta destruir, como a Venezuela e outras nações latino-americanas de esquerda.

NOAM CHOMSKY

O que piora ainda mais o cenário, sem dúvida. Mas, no geral, a pior coisa é "não obedecer às ordens", como no caso de Cuba. Se não obedecem às ordens, precisam ser punidos.

ANDRE VLTCHEK

Mas você não viu a Síria como uma oportunidade necessária para o Ocidente chegar ao Irã? O Ocidente está muito determinado a desestabilizar a Síria.

NOAM CHOMSKY

Bom, o Ocidente gostaria que fosse assim, mas não vejo nenhum sinal, nenhum plano mais ou menos formulado. Estão enviando apoio às milícias, ao chamado Exército Livre da Síria, mas de forma indireta. Aparentemente, esse apoio sai direto do Qatar e da Arábia Saudita, mas talvez os Estados Unidos estejam arquitetando tudo. Parece não haver nenhum indicativo de que querem uma intervenção direta de fato, o que seria delicado. Seria difícil do ponto de vista militar, mas também não está claro, pela perspectiva do Ocidente, qual seria a consequência disso. Não dá para ocupar a Síria com forças terrestres. Dá para bombardear, sempre dá, mas o que se ganharia com isso?

Nos últimos tempos, tem saído um número cada vez maior de matérias interessantes. O jornal alemão *Frankfurter Allgemeine Zeitung* fez uma apuração interessante sobre o massacre de Hula e apontou uma coisa que eu não tinha visto: as pessoas mortas eram de duas famílias, xiitas e alauítas. E publicaram depoimentos de várias testemunhas que não quiseram ser identificadas por estarem apavoradas, mas que afirmaram que a chacina foi obra de bandidos islamistas comandados pelo Exército Livre da Síria.

ANDRE VLTCHEK

Sim, existem reportagens muito fortes que estão sendo produzidas nessa região, confirmando a brutalidade dessas pessoas que foram chamadas de "guerreiros da liberdade" e "forças de oposição" pelo *establishment* político e pela mídia ocidental. Não faz muito tempo, o ministro das Relações Exteriores da Rússia, [Sergey] Lavrov, deu uma declaração forte acusando o Ocidente e a Arábia Saudita de apoiar essas forças.

Fiz uma viagem recente para a região e o que descobri foi que alguns acampamentos perto da cidade turca de Hatay, no sudeste do país – perto da fronteira com a Síria e a cidade de Alepo –, são de fato para refugiados, mas outros, como o de Apaydin, são militares, onde a Otan, que tem a Turquia entre seus membros, está armando e treinando milícias sírias. Elas atravessam a fronteira com a Síria à noite e voltam quando amanhece. A fronteira está aberta só para elas. Nem os cidadãos turcos estão podendo atravessar. İncirlik, uma base aérea importantíssima perto da cidade de Adana, também é utilizada como local de treinamento para a "oposição síria".

NOAM CHOMSKY

Fascinante. São as primeiras reportagens detalhadas que vi produzidas em campo. Enviei a matéria do *Frankfurter Allgemeine Zeitung* para a Media Lens, um grupo de análise crítica de mídia de Londres, e eles enviaram para o *The Guardian*, mas o *Guardian* não quis publicar.

ANDRE VLTCHEK

É um assunto muito "delicado". Estou trabalhando com uma equipe de repórteres turcos do jornal *Aydınlık* e com o canal de televisão Ulusal. É um pessoal de muita coragem e franqueza, que já vem investigando os acampamentos há bastante tempo. Eles visitaram os campos na fronteira com a Síria, principalmente aqueles próximos da cidade de Hatay. E seguiram os combatentes que estão recebendo treinamento em território turco. Conseguiram segui-los até a Síria, até Damasco.

NOAM CHOMSKY

Conseguiram fazer isso?

Cerca israelense corta as Colinas de Golã, na Síria. (Copyright Andre Vltchek)

ANDRE VLTCHEK

Sim, e estão compartilhando as gravações e imagens comigo. Eu forneço meus filmes e minhas análises a partir de outras regiões do mundo, e eles me dão acesso ao trabalho deles. Acho o que eles estão fazendo muito importante. Estão desvendando e revelando a verdadeira face da chamada oposição síria, mostrando quem são de verdade, de quem é o patrocínio, quais são os objetivos deles. E isso também é uma coisa que recebe pouquíssima cobertura no Ocidente.

A Turquia em si é um país muito interessante e peculiar. Os dois aliados próximos dos Estados Unidos no Oriente Médio, Israel e Turquia, parecem travar um conflito verbal. Mas meus amigos e colegas de Istambul dizem que o governo não tem intenções sérias de confrontar Israel. A Turquia é um aliado muito próximo dos Estados Unidos, que por sua vez têm bases militares estratégicas em território turco.

NOAM CHOMSKY

Acho que, pelas circunstâncias, a Turquia está seguindo um caminho independente, em muitos aspectos. Por exemplo, em 2003, a Turquia rejeitou a ordem dos Estados Unidos para permitir que o país fosse utilizado como base para a guerra contra o Iraque. Foi uma decisão bem séria, e o governo dos Estados Unidos ficou muito incomodado, chegou a ameaçar a Turquia com a imposição de sanções. Paul Wolfowitz, à época subsecretário de Defesa – supostamente um grande "defensor da democracia" – deu um sermão no exército turco por não ter obrigado o governo a rejeitar 95% da população para seguir as ordens de Washington. Ele afirmou que a Turquia deveria perceber que tinha o dever de apoiar os Estados Unidos e pedir desculpas pelo que fez. Esse episódio deu uma esfriada nas relações com Ancara.

Está certo que mantiveram as bases no leste do país. Com relação a Israel, parte da razão pela qual [Recep Tayyip] Erdoğan se voltou para o Oriente foi para dar um verniz de líder internacional que assumiu um posicionamento forte contra o ataque israelense a Gaza na virada de 2008 para 2009. Ele também condenou com vigor o ataque ao Mavi Marmara, o navio de bandeira turca que estava tentando furar o bloqueio marítimo de Israel a Gaza. Foi um ataque em águas internacionais realizado por comandos israelenses, que mataram nove pessoas, a maioria turca e um estadunidense. A Turquia exigiu um pedido de desculpas. Isso tem uma importância, porque a Turquia era o principal aliado de Israel para além dos Estados Unidos. Em 1958, os dois países tinham uma agenda antiárabe, então como Israel tinha uma aliança próxima com o xá [Mohammad Reza

Pahlavi], por motivos parecidos também tinha uma aliança muito próxima com a Turquia. Seus amigos podem ter razão, não sei os detalhes, mas hoje não é mais a mesma relação e ela pode se romper.

ANDRE VLTCHEK

Há uma série de preocupações sérias com a Turquia hoje. Principalmente em Istambul, parece que a maior parte da comunidade intelectual secular e de esquerda está horrorizada com as prisões que vêm acontecendo nos últimos anos. Centenas de pessoas desapareceram e muitas, supostamente, torturadas. Foi feita uma limpa no *establishment* militar que era a favor do secularismo, expurgando os generais críticos da Otan e aqueles que queriam que a Turquia olhasse para o leste. Tive encontros recentes com algumas famílias de generais detidos, e a situação é grave.

NOAM CHOMSKY

Sim. Eu fiz uma fala por videoconferência em uma Conferência pela Liberdade de Expressão, realizada algum tempo atrás em Istambul. O que está acontecendo é grave e muito triste, porque a situação na década de 1990 era horrível. Minha primeira visita ao país foi em 2000, logo depois do período mais terrível. Mas desde então, a situação vinha melhorando. Não estava ótima, mas a melhoria era evidente em vários aspectos. No entanto, desde 2005, houve uma série de retrocessos.

Na verdade, minha primeira viagem à Turquia foi para participar do julgamento de um editor que tinha uma edição turca de um livro meu. O livro tinha umas três ou quatro páginas sobre a Turquia e, por isso, foi proibido. Eu criticava os crimes da década de 1990. Fui ao julgamento e aceitei ser corréu a pedido do advogado dele. Era um tribunal militar, uma farsa total. O caso ganhou grande repercussão, então o governo cancelou o julgamento. Depois o editor, infelizmente, foi pego.

Nas primeiras vezes que fui para lá, a situação estava bem ruim, mas chegou a melhorar. E a repressão hoje está bem grave. Mas os intelectuais turcos continuam na luta. Devo dizer que são um caso excepcional no mundo. A oposição que fazem aos crimes é consistente. Estão sempre envolvidos em desobediência civil.

ANDRE VLTCHEK

Também são extremamente bem-informados. Não sei quantos livros seus já traduziram – deve estar na casa das dezenas.

NOAM CHOMSKY

Muitos. E a associação de editoras tem bastante força. Participei de uma reunião dela e recebi um prêmio de liberdade de expressão. As editoras têm um posicionamento forte contra a censura, contra a repressão, e apoiam autores proibidos e presos.

ANDRE VLTCHEK

Agora estão tentando se conectar com a América do Sul. Esse é quase um imperativo para qualquer pessoa que escreva, ir à América do Sul, estudar a conjuntura. Então acho que o sistema está abalado. Mas estou falando de Istambul e de seus círculos ilustrados, claro. O país, o interior do país, é muito complexo.

NOAM CHOMSKY

É complexo mesmo. Diarbaquir, capital não oficial das regiões curdas, é, sem dúvida, um mundo à parte, mas de qualquer forma a Turquia é um país singular.

ANDRE VLTCHEK

Será que Israel vai tomar juízo, tratar dos próprios tormentos e finalmente entregar o território aos palestinos?

NOAM CHOMSKY

Não. Israel não vai fazer nada enquanto tiver apoio dos Estados Unidos. E por que seria diferente? Está conseguindo exatamente o que quer. Agora está tomando regiões valiosas da Cisjordânia e deixando o resto meio que "cantonizado". Gaza está sob cerco fechado. Todo dia acontece um novo crime.

Acabei de receber um relatório de amigos que fazem parte de uma boa ONG de apoio a projetos de desenvolvimento na Cisjordânia. Eles estavam trabalhando em uma comunidade palestina perto de Hebron, que ainda é uma cidade palestina, embora haja um grupo muito violento e execrável de colonos lá. Eu vi esses colonos – são chocantes. O exército israelense faz a proteção deles enquanto espancam pessoas, desfiguram casas palestinas, derrubam bancas de frutas, fazem o que querem. Perto de Hebron, tem uma comunidade onde essa ONG tinha uma atuação, ajudando as pessoas a plantar mil oliveiras, para fazer um pomar, e o exército israelense chegou um dia sem aviso e retirou todas as árvores. O exército chegou com um agrônomo para garantir uma ação adequada, porque queria guardar as árvores e levá-las para o assentamento judaico, onde estavam criando um parque. Enquanto isso, destruíram a base econômica de uma comunidade inteira, destruíram casas e tudo mais. Toda vez que você lê a imprensa palestina e israelense, sempre tem outra história igual a essa. Por que acabariam com isso? Enquanto os Estados Unidos estiverem dispostos a protegê-los, eles vão continuar.

ANDRE VLTCHEK

Enquanto Israel oprime os palestinos, ocupa suas terras, faz o papel de posto avançado do Ocidente no Oriente Médio, parece muitas vezes que a grande maioria dos israelenses não está mais muito interessada em política. Cidades como Tel Aviv e Haifa são áreas urbanas extremamente ricas, com uma qualidade de vida altíssima e quase nenhum indício de que estão no meio de uma zona de conflito. A alguns quilômetros de distância, começam as barreiras – muralhas monstruosas e cercas de arame farpado. Mas, para uma pessoa sentada em um café bacana ou em uma sala de espetáculos, toda essa injustiça é invisível. E parece não haver mais muita oposição interna em Israel.

Comando israelense treina em prédio sírio abandonado em área ocupada nas Colinas de Golã. (Copyright Andre Vltchek)

NOAM CHOMSKY

Não há muita, creio eu. Nas últimas pesquisas, vi que cerca de dois terços da população apoiam a expansão dos assentamentos. Se perguntar sobre a manutenção desses assentamentos, o apoio será ainda maior. E isso tudo é ilegal. Eles admitem que são todos ilegais. Mas se é possível sair impune, por que parar?

Esperança nos lugares mais devastados do planeta

ANDRE VLTCHEK

Hoje, a maior parte da América do Sul está livre e até mesmo algumas nações da América Central estão finalmente conquistando independência, apesar da Doutrina Monroe, que ainda parece ser uma das verdades absolutas e indiscutíveis do império estadunidense.

Mas eu passo grande parte do ano na África e na região da Ásia e Pacífico e tenho a impressão de que, nessas regiões do mundo, há uma consolidação do poderio neocolonial e imperialista e quase nada tem condições de se movimentar livremente por lá. Eu observo um *status quo* assustador na maioria dos países do Sudeste Asiático, no subcontinente e em quase toda a África.

Quando você observa Estados clientes do Ocidente no Sudeste Asiático – Filipinas, Indonésia, Tailândia e Camboja –, percebe que simplesmente não há debate sobre sistemas sociais e políticos alternativos. E, até certo ponto, o fundamentalismo de mercado tem raízes profundas até em Singapura, enquanto o pacto social entre governo, empresas e o povo foi sendo aos poucos destruído. Na prática, quem comanda as Filipinas são clãs feudais virulentos: compram votos, intimidam a oposição, assassinam e estupram quem atravessa o caminho deles. A Indonésia é outro caso de sociedade feudal impiedosa. A Tailândia é governada por uma monarquia medieval corrupta e catastrófica, apoiada por comparsas militares e, na verdade, instaurada depois da Segunda Guerra Mundial pelo Ocidente, porque o monarca nascido nos Estados Unidos e educado na Suíça representava um bom candidato para a construção das bases militares no território do país, para o expansionismo e a Guerra do Vietnã dos Estados Unidos e aliados. Ele também mostrava "sinais promissores" de que estaria disposto a assassinar esquerdistas tailandeses – e foi o que fez.

E a África é o continente mais miserável e destruído do mundo. Parece não haver esperança aqui, exceto, talvez, pela África do Sul.

NOAM CHOMSKY

Bom, não sei. Se você fosse à África do Sul vinte anos atrás, diria o mesmo. Se fosse ao Oriente Médio cinco anos atrás, diria o mesmo. As coisas mudam. E a capacidade da força ocidental de coibir isso sofreu uma redução drástica.

ANDRE VLTCHEK

Acho que uma diferença entre América do Sul, África e Sudeste Asiático é que, mesmo vinte anos atrás, durante a "era sombria" da América Latina, ainda prevalecia aquele desejo potente de uma sociedade alternativa. Não vejo isso no Sudeste Asiático nem na África, nem mesmo no Oriente Médio. Em muitos países dessas regiões, de Uganda e Quênia a Indonésia e Filipinas, mesmo a chamada "oposição" é, muitas vezes, financiada pelo Ocidente. É comum que o desejo de mudança envolva a retirada de uma única pessoa do poder, como foi o caso de Suharto, na Indonésia, e Mubarak, no Egito. O sistema social, econômico e mesmo político não é necessariamente transformado. Vejo uma grande luta pela frente nessas regiões do mundo, de anos – talvez décadas – para conquistar vitórias parecidas com aquelas alcançadas pelos latino-americanos.

NOAM CHOMSKY

Disso, eu já não tenho tanta certeza. Acho que a América Latina parecia estar sob controle. A região tinha sido arrasada, o movimento da teologia da libertação tinha sido reprimido e destruído, as pessoas foram assassinadas. Havia uma crítica marginal, mas que estava bem à margem mesmo, e isso acontece na África também. Se eles podem fazer alguma coisa? Bom, acho que nunca se sabe. A situação parecia a pior possível no norte da África, mas no período de um ou dois anos, acabou mudando.

ANDRE VLTCHEK

Tomara que as coisas mudem na África da forma como mudaram no Brasil, na Bolívia e em outros países da América Latina. Mas hoje a África provavelmente é o lugar mais devastado do planeta. Parece haver uma consolidação do poder colonial no continente, e os horrores que estão acontecendo são muitas vezes executados por agentes, por exércitos mercenários locais: Ruanda e Uganda saqueando a República Democrática do Congo, Etiópia e Quênia destruindo a Somália. O Quênia invadiu a Somália em 2011. Parece que a África está no ponto mais baixo desde o fim oficial do colonialismo na região.

NOAM CHOMSKY

É a região mais devastada porque é rica em recursos. Logo depois da Segunda Guerra Mundial, os Estados Unidos estavam em uma posição de poder acachapante. Os planejadores sem dúvida entenderam isso e construíram planos elaborados para organizar o sistema mundial. A equipe de planejamento do Departamento de Estado [dos Estados Unidos] era chefiada por George Kennan, que designou a cada região do mundo o que foi chamado de uma "função". Então, por exemplo, a função do Sudeste Asiático era fornecer matérias-primas e recursos para as antigas potências coloniais se reconstruírem. E assim elas passariam a ter condições de comprar acesso aos fabricantes dos EUA e assim por diante.

Quando chegou a vez da África, Kennan escreveu que os Estados Unidos não estavam interessados, entregando o continente para os europeus "explorarem" – nas palavras dele – para a própria reconstrução. Então a região foi entregue para a Europa explorar, se reconstruir e se tornar parte ativa do sistema dominado pelos EUA e um mercado para os bens e investimentos dos Estados Unidos e assim por diante. A África precisava ser explorada. Bom, em um período mais recente, os Estados Unidos voltaram a refletir sobre isso e afirmaram que precisavam explorar a África também. E aí começaram a entrar na África, porque muito do petróleo que utilizam vem de lá, assim como o urânio e outros minerais.

Então o continente não só ficou à mercê da exploração pelos europeus, como agora os Estados Unidos fariam questão de explorá-lo também. A ideia de África apenas como fonte de exploração foi naturalizada. Kennan é considerado um grande humanista, mas ninguém comentaria sobre uma coisa dessas, porque é normal. Por que falaríamos disso?

ANDRE VLTCHEK

Claro, agora a França está levando isso ao pé da letra. Impressiona o papel que a França está começando a ter em toda a África, do Djibutià Somália, do Saara Ocidental à Líbia.[8]

NOAM CHOMSKY

O papel da França foi, no geral, terrível de fato. Os franceses apoiaram [Zine El-Abidine] Ben Ali, o ditador tunisiano, muito tempo depois do início dos levantes. Acabaram ficando com vergonha disso no final, mas representam um comando horrível na África, e isso ainda persiste.

---

[8] Já depois de nossa conversa, assistimos à terrível invasão do Mali por tropas francesas e legionários estrangeiros recrutados, pagos e treinados pela França.

ANDRE VLTCHEK

Os franceses ainda têm legiões estrangeiras em vários lugares. Pouco tempo atrás, vi legionários franceses no Djibuti. Eles têm um histórico de serem extremamente cruéis. Havia mercenários franceses treinados no Djibuti para realizar operações em todo o continente. E agora, com a Líbia, acho que estamos acordando para um pesadelo, percebendo o papel de poder que a França está pronta para assumir de novo. De poder e de uma destruição tremenda para o povo africano. Com certeza você pode apresentar muitos outros exemplos.

NOAM CHOMSKY

O caso do Saara Ocidental é interessante. A população da região, os saarauí, são realmente "impessoas"! Foi a última colônia oficial da África, então está sob administração da ONU para o processo de descolonização. Mas assim que a descolonização foi declarada, em 1975, a região foi invadida pelo Marrocos, que é um cliente da França. O Marrocos entrou, rejeitou o governo independente e começou a assentar marroquinos no país, para que, caso haja algum referendo no futuro, como exigido pela ONU, os marroquinos possam dominar a consulta. Há uma imensa resistência de forças guerrilheiras e continuam levando demandas e denúncias para as Nações Unidas.

A mais recente ocorreu logo no início da Primavera Árabe. Aliás, a Primavera Árabe começou no Saara Ocidental, antes da Tunísia. Foram construídos acampamentos imensos como atos de resistência não violenta no Saara Ocidental. As forças marroquinas, claro, chegaram rápido e derrubaram tudo. Os saarauí levaram o caso à Organização das Nações Unidas, que é responsável. A França bloqueou toda a investigação, com apoio dos Estados Unidos, porque quem estava fazendo aquilo era seu cliente. Isso não foi visto como parte da repressão na Primavera Árabe, mas foi o primeiro passo, na verdade.

ANDRE VLTCHEK

Como comentei, há a guerra no Congo, onde o país está sendo saqueado tanto por Ruanda quanto por Uganda em nome de interesses ocidentais. É o pior genocídio desde a Segunda Guerra Mundial, totalmente encoberto, e não recebe quase nenhuma cobertura midiática no Ocidente!

Eu acabei de filmar outra pauta terrível: o campo de refugiados de Dadaab, que abriga principalmente pessoas somalis no norte do Quênia. É o maior campo de refugiados do mundo, onde cerca de 600 mil pessoas vivem no deserto. A Somália foi toda desestabilizada, destruída, despedaçada. O litoral foi supostamente contaminado por lixo da União Europeia. Meu amigo ex-parlamentar queniano disse que, apesar de o Quênia ter ajudado a promover os acordos de paz da Somália no passado, o Ocidente sempre pulverizou essas iniciativas, porque nunca quis aceitar um governo nacionalista islâmico no país.

NOAM CHOMSKY

Sim, e apoiou a invasão etíope que derrubou os Tribunais Islâmicos durante um breve período de relativa paz. Uma das chamadas "grandes conquistas" foi quando os Estados Unidos destruíram al-Barakaat, uma grande organização filantrópica que estava "apoiando o terrorismo". Depois, os Estados Unidos admitiram que foi um erro. Na verdade, a organização era a principal financiadora de grande parte da vida somali: bancos e empresas somalis, o sustento da população. Quando a entidade foi criminalizada, tudo isso foi interrompido, então foi outro golpe contra a sobrevivência muito frágil do país, que é atacado por todos os lados. Inclusive, a Europa está ajudando nisso, despejando lixo tóxico no oceano perto do litoral da Somália, matando regiões pesqueiras e depois reclamando que a população recorre à pirataria.

Meninas em escola primária no campo de refugiados de Dadaab, no Quênia. (Copyright Yayoi Segi)

ANDRE VLTCHEK

Sim, é terrível tudo que está acontecendo na Somália e na região. E o Ocidente tem seu próprio rottweiler lá, o Djibuti, que se transformou em um tipo de base militar dos Estados Unidos e da França, convertendo seu deserto em centro de treinamento para as legiões francesas. Nunca vi um lugar tão estarrecedor e hipermilitarizado no planeta quanto Djibuti! Poluído, agressivo e subserviente. Você faz *check-in* no Sheraton Hotel de lá e de manhã descobre que o exército alemão tem um cozinheiro próprio fazendo o café da manhã para eles!

E há, claro, a África Ocidental, que se tornou o *playground* da França. Na última vez que fui a Dakar, no Senegal, testemunhei manobras militares francesas: um porta-helicópteros, contratorpedeiros e outras embarcações militares passaram bem ao lado da histórica ilha de Goreia, que servia como entreposto no tráfico de africanos escravizados, vendidos para todo o mundo pelos governantes coloniais franceses. Muito simbólico, eu diria, e sem nenhum constrangimento. Se há algum desdobramento positivo na África subsaariana, está na África do Sul.

NOAM CHOMSKY

Você sabe melhor que eu que a África do Sul mudou para melhor com o fim do *apartheid*, mas não nas questões de classe. Esse aspecto se manteve bem fixo. Pode até haver rostos negros nas limusines, mas, para a maioria pobre, as condições continuam miseráveis.

ANDRE VLTCHEK

Mas não foi só por causa do CNA [Congresso Nacional Africano]. Foi, pelo menos em parte, pelas condições impostas pelo exterior para a condução da economia no primeiro governo do CNA. Essa gestão era formada por pessoas que tinham passado muito tempo presas e não sabiam muito sobre o mundo lá fora. Naomi Klein argumentou que eles foram enganados de forma parecida com que [Mikhail] Gorbachev foi. Havia tratados que estabeleciam ações punitivas para o caso de o CNA não adotar as medidas econômicas e financeiras preconizadas pelo Ocidente.

NOAM CHOMSKY

Tenho minhas dúvidas sobre isso. Acho que eles sentiram que tinham direito às prerrogativas desfrutadas pelas elites e rapidamente recriaram uma sociedade neoliberal. Não acho que foram obrigados a fazer isso. Tenho a sensação de que a mesma coisa aconteceu em outros lugares. Veja, por exemplo, a Nicarágua sandinista. As lideranças eram da elite nicaraguense. Assim que chegaram ao poder, quiseram viver da forma como as elites viviam. Mais tarde, aconteceu a *Piñata*, como você sabe... E foi o que fizeram. E também com a corrupção tremenda, a imensa propriedade murada de Humberto Ortega no meio de Manágua e assim por diante. Muitas vezes, os líderes revolucionários vêm da elite. Eles travam uma luta corajosa, e não é fácil derrubar uma ditadura. Muita gente é morta. Na África do Sul, as pessoas foram torturadas e exiladas. Mas quando as lideranças chegam ao poder, é fácil caírem nos mesmos padrões daqueles que substituíram.

Fui à Cidade do Cabo pouco depois da queda do *apartheid* e tive a oportunidade de conhecer dissidentes. Lembro de um ativista negro que chegou e descreveu como tinha acabado de sair de um coquetel em um hotel novo elegante no centro da cidade. Todas as pessoas ricas estavam nesse evento, e agora eles faziam parte disso e todo mundo estava bem alegre. Esse parecia ser o clima de modo geral, apesar de não ser tanto assim entre pessoas de origem sul-asiática. Elas pareciam bem mais militantes, ainda falavam de Steve Biko e da promessa do movimento que não tinha sido alcançada. Não quero falar muito com base em experiências pessoais limitadas, mas, considerando isso e o que li, parece que foi fácil o deslocamento do movimento contra o *apartheid* para o modelo neoliberal de fortalecimento das elites que marginalizam a maioria da população.

ANDRE VLTCHEK

Mas não foi tão fácil assim. Visitei a Cidade do Cabo durante a Comissão da Verdade e Reconciliação, e estava havendo um imenso fluxo de saída de profissionais brancos, que haviam sido os únicos autorizados a comandar o país durante o *apartheid*. Todos esses profissionais brancos foram para Canadá, Austrália e Estados Unidos. A economia sofreu um baque, o PIB caiu, o país estava sendo exaurido.

E quanto mais reformas o CNA sugeria, mais profissionais, principalmente brancos, ameaçavam deixar o país.

NOAM CHOMSKY

Mas isso é de praxe. Quando [Hugo] Chávez assumiu, por exemplo, houve uma enorme fuga de capitais na Venezuela. No breve período em que ele foi derrubado, isso começou a voltar. Aconteceu a mesma coisa no Haiti com [Jean-Bertrand] Aristide. Enquanto o fluxo de capitais for livre, essa será a maior arma contra qualquer reforma. Até se discute isso na literatura econômica técnica. Discute-se como os governos têm um "eleitorado duplo": a própria população, mas também a comunidade nacional e internacional de investidores, que realiza um "referendo momento a momento" sobre políticas do governo e, se não gostar delas, interdita essa gestão, com especulação contra a moeda, fuga de capitais e outras medidas. E esse segundo eleitorado, a comunidade internacional de investidores, costuma vencer a população. Nem sempre, mas é uma força que tem muito poder. No entanto, esse poder também pode ser restringido. Veja na Coreia, no período de grande crescimento econômico: a fuga de capitais não só foi proibida como passou a ser punida até com pena de morte. Tem coisas que são possíveis de serem feitas.

É preciso lembrar que houve avanços significativos para os movimentos de libertação, mesmo nos lugares mais devastados. Veja o exemplo da invasão indonésia e a ocupação do Timor-Leste em 1975. Foi uma das piores atrocidades do pós-guerra, o mais perto que se pode chegar de um genocídio. Os Estados Unidos apoiaram, o Reino Unido e a Austrália também, assim como outras potências ocidentais. As pessoas protestaram contra a ocupação nesses países ocidentais que deram apoio à invasão. Eu participei ativamente dessa mobilização, assim como você e muitos outros, mas não conseguimos avançar. Por fim, em 1999, depois do imenso massacre que aconteceu em Díli e levou 250 mil pessoas a deixarem a cidade, a pressão dentro e fora do país aumentou o suficiente para que [Bill] Clinton desse a ordem para os generais indonésios pararem o que estavam fazendo. E eles obedeceram na hora. Em poucos dias, já tinha acabado. O que isso mostra é que poderia ter acabado 25 anos antes, mas não havia pressão. Foi interessante ver como isso foi retratado no Ocidente. Depois que o exército indonésio deixou o país, uma força de manutenção da paz da ONU liderada pela Austrália entrou, e hoje isso é descrito como uma grande intervenção humanitária.

ANDRE VLTCHEK

Também existe uma segunda interpretação, de que a Austrália descobriu gás no fundo do mar, e que seria mais fácil lidar com o fraco Timor-Leste do que com a imensa Indonésia.

NOAM CHOMSKY

Os australianos sempre souberam do gás. E, na verdade, Austrália e Indonésia tinham um pacto para permitir o acesso australiano ao que chamavam de petróleo da "província indonésia de Timor-Leste". Esse foi o único reconhecimento oficial do Timor-Leste como província indonésia. Tem uma foto, famosa na Austrália, de Gareth Evans, então ministro de Relações Exteriores australiano, assinando o pacto com Ali Alatas, à época seu homólogo indonésio. Eles bebiam e se cumprimentavam, tudo muito exultante, porque a Austrália tinha obtido o direito sobre o petróleo da província indonésia de Timor-Leste. À luz do papel vergonhoso da Austrália no apoio à invasão e às atrocidades promovidas pela Indonésia, durante seu mandato especificamente, Evans foi pressionado pelo movimento ativista em seu país, e a resposta dele foi: "O mundo é injusto, apinhado de casos de aquisição pela força". E esse caso era só mais um, então não importava. Se beirava o genocídio, paciência, acontece.

Agora, Gareth Evans é o herói do movimento da "responsabilidade de proteger". A *The Economist* publicou um artigo com uma foto dele pesaroso pelas tantas coisas terríveis que estão acontecendo no mundo apesar da dedicação "ousada e apaixonada" para proteger os vulneráveis, coisa que guiou toda a vida dele. Mas a revista não publicou a foto dele com Ali Alatas saboreando o apoio ao que era praticamente um genocídio no Timor-Leste, porque, afinal, o mundo está apinhado de casos assim. Bom, a Austrália teve acesso ao gás.

A Austrália é um caso muito interessante. Lembrando a Segunda Guerra Mundial, os japoneses estavam avançando para o sul e provavelmente planejavam invadir a Austrália. O Timor estava no meio do caminho. Havia algumas centenas de membros de comandos australianos na ilha para combater a invasão japonesa, e os timorenses deram forte apoio aos australianos. Acho que 60 mil timorenses foram mortos. As pessoas na Austrália se lembram disso. "Meu avô participou", "meu tio participou". Havia um clima de revolta contra o tratamento dado pela Austrália ao Timor-Leste, e isso se tornou um movimento bastante ativo. Visitei a região em meados dos anos 1990, a convite de José Ramos-Horta [ministro de Relações Exteriores no governo da "República Democrática do Timor-Leste" no exílio] para falar com a Associação de Refugiados do Timor-Leste. Os primeiros grandes encontros da organização aconteceram nessa época e havia grande apoio público, com eventos em grandes cidades, em Sydney e Melbourne, etc. Mesmo assim Evans e o governo deram seguimento ao acordo.

Mas em setembro de 1999, houve uma ruptura quando Clinton mudou de posição. Havia uma grande pressão sobre Clinton. A propósito, parte dessa pressão vinha de figuras influentes da direita estadunidense próxima da comunidade católica. O Timor-Leste é um país católico. Esse foi um fator, mas havia também um protesto internacional. Isso diz muito... Não era possível manter o apoio à ocupação do Timor-Leste. Esse foi um caso, mas há muitos outros, acredito.

ANDRE VLTCHEK

A família Kennedy também estava envolvida com o Timor-Leste já no fim desse período. Quando fui preso no Timor-Leste depois do massacre de Ermera, em 1996, fui mandado para o departamento de inteligência e torturado, e só fui solto depois da intervenção da Embaixada dos Estados Unidos. E aí fui para Jacarta e me encontrei com uma pessoa da delegação, que disse: "Bom, esse é um bom momento para dar destaque à questão do Timor-Leste, porque a família Kennedy está com muito interesse e envolvimento e está passando a ter uma visão bem crítica da ocupação indonésia."

Depois que as tropas indonésias deixaram a região, posso afirmar que a liderança timorense passou um período simplesmente terrível na relação com a Austrália e a chamada comunidade internacional, no que se refere aos campos de gás e à forma como a Austrália pôde intimidar o país abertamente.

NOAM CHOMSKY

Acho que uma das coisas que mudou muito nas relações dos Estados Unidos com a Indonésia foi o momento em que Suharto não tinha mais condições de se manter, em 1998. Estava havendo um imenso levante popular, protestos de estudantes de todos os tipos, e o FMI [Fundo Monetário Internacional] não estava feliz com ele. Uma foto circulou a Indonésia toda mostrando o diretor francês do FMI de pé, de braços cruzados, e um Suharto sentado, vexado, recebendo ordens da organização para executar certas políticas, e Suharto encurvado. Bem naquele momento, Madeleine Albright, secretária de Estado [dos Estados Unidos], escreveu uma carta a Suharto afirmando que era "hora de uma transição democrática na Indonésia". Cerca de quatro horas depois, Suharto renunciou.

ANDRE VLTCHEK

Sim, mas eu tenho minha própria teoria sobre isso. Eu morava com estudantes na Universidade Trisakti na época dos protestos. Não fiquei nem um pouco impressionado, porque Trisakti era uma universidade de classe alta, e os estudantes não estavam forçando uma revolução por uma transformação fundamental na sociedade indonésia. Só queriam que Suharto renunciasse, como se a renúncia de um único homem pudesse reformular e melhorar todo o sistema. Além disso, com tudo que aconteceu durante esse período de profunda crise financeira e econômica, Suharto insistiu até o fim em manter algumas indústrias indonésias essenciais nas próprias mãos e nas mãos da família – não nas mãos do Estado, é claro, mas também não estava pronto para privatizá-las nem vendê-las a investidores estrangeiros.

Acho que isso foi demais para o FMI e o Ocidente. Na verdade, eles queriam que o novo governo a assumir na Indonésia fosse ainda mais à direita, e que quase todas as indústrias e recursos naturais fossem para empresas estrangeiras, sobretudo aquelas do Ocidente. Isso acabou acontecendo, porque, depois que Suharto abdicou, a corrupção explodiu, não atingindo só os altos escalões, mas todos os estratos da sociedade. Quase tudo acabou privatizado. De repente, todo o país, com seus imensos recursos naturais, ficou à disposição. Era só dar o preço.

Tem um sentido muito forte o fato de que, no Egito, por exemplo, há consultores ocidentais propagando o modelo indonésio. A mídia de massa também sugere que os países onde aconteceu a Primavera Árabe deveriam seguir de perto o modelo econômico e "democrático" da Indonésia. É claro que não se menciona nem se explica que a Indonésia é um país em via do colapso, que não há um único partido político pronto para defender os interesses da maioria que vive na miséria e que esse crescimento econômico tão enaltecido só acontece por causa do saque dos recursos naturais promovido por um pequeno grupo da elite.

O Declínio do Poderio dos Estados Unidos

ANDRE VLTCHEK

Eu vejo os Estados Unidos e a Europa como o Império que está consolidando um poderio em todo o mundo. Ainda existem alguns bolsões de resistência, como na América Latina, na China e até mesmo no Irã. Mas a margem de manobra do resto do mundo está diminuindo – pelo menos pela minha experiência, adquirida acompanhando esses lugares. Sei que sua visão é bem mais otimista com relação a isso.

NOAM CHOMSKY

O auge do poderio dos Estados Unidos foi na década de 1940. Desde então, esse poder vem decaindo. Em 1945, tinham metade da riqueza do mundo, uma posição descomunal de segurança, controle do hemisfério, tanto do oceano Atlântico quanto do Pacífico, a maior parte do outro lado dos oceanos. Outras sociedades industriais tinham sido devastadas e destruídas. Os Estados Unidos estavam ocupando o Japão e havia um controle essencial na Europa Ocidental. A primeira tarefa dos Estados Unidos e do Reino Unido quando avançaram pelo continente europeu foi destruir a resistência antifascista e enfraquecer os poderosos movimentos de trabalhadores, além de reinstituir basicamente os regimes tradicionais com colaboradores fascistas e assim por diante.

Isso começou em 1943, quando avançaram para a Itália e depois para outros lugares, com uma truculência excepcional na Grécia, considerada parte da periferia do Oriente Médio rico em recursos energéticos. A Alemanha era uma grande preocupação, porque sabiam que seria o centro do sistema industrial na Europa. Então o que fazer com a Alemanha era um problema real. Os britânicos e os estadunidenses estavam preocupados com o que consideravam o "contágio" vindo da Alemanha Oriental. George Kennan, um dos principais planejadores, tinha uma frase boa. Ele dizia que precisávamos "murar" a Alemanha Ocidental para separá-la da zona oriental e evitar a propagação do pensamento radical sobre o movimento de trabalhadores e assim por diante. E a Alemanha foi basicamente reconstituída em termos tradicionais. Os sindicatos foram em grande medida enfraquecidos.

Na França, foram necessários fura-greves para destruir os sindicatos. Em parte, esse era o processo normal de desmobilização do movimento organizado de trabalhadores, mas os estivadores de Marselha estavam interferindo no transporte de suprimentos e armas que eram enviados aos franceses na Indochina, na tentativa francesa de reconquistar a região. Bom, se é para furar greve e destruir o movimento de trabalhadores, é preciso que alguém faça isso. A máfia faz isso bem, mas os nazistas eram linha dura e tinham basicamente destruído a máfia – não gostavam da concorrência. Então os Estados Unidos reconstituíram o crime organizado na Sicília e no sul da França (a Máfia da Córsega). Bom, só que a máfia não vai destruir os sindicatos a troco de nada. Era preciso oferecer alguma contrapartida. A contrapartida foi entregar o controle da indústria da heroína. Essa é a famosa Conexão Francesa que se desenvolveu no sul da França e avançou por todo o mundo.

Onde há subversão, intervenção e assim por diante, o sistema do tráfico de drogas vai atrás, por ótimos motivos. Se, digamos, a CIA for derrubar um governo, subverter sindicatos e assim por diante, a primeira coisa que precisa é de pessoal e dinheiro sujo não rastreável. Essa combinação, se for bem organizada, funciona bem e é comum no mundo todo. O historiador Alfred McCoy escreveu a obra essencial sobre esse assunto (*The Politics of Heroin*) [A Política da Heroína].

Aconteceu a mesma coisa no Japão. Douglas MacArthur (líder *de facto* do Japão entre 1945 e 1948) permitiu o desenvolvimento democrático do país nos primeiros anos depois da guerra. Permitiu a organização de sindicatos, iniciativas democráticas e assim por diante. Quando os liberais de Washington souberam disso, ficaram horrorizados e foram para lá em 1947. Foi a chamada "mudança de direção", que acabou com tudo isso e restaurou o poder das grandes empresas. Na essência, restabeleceu-se algo parecido com o sistema fascista.

ANDRE VLTCHEK

Utilizaram pessoas como Matsutarō Shōriki, que era agente da CIA e presidente do grupo Yomiuri, um imenso conglomerado de mídia do Japão.

NOAM CHOMSKY

E empossaram antigos criminosos de guerra japoneses. Foi isso que aconteceu em todo o mundo. Enfim, esse foi o auge do poderio dos Estados Unidos, e a partir daí começou o declínio. A independência da China em 1949 representou um grande golpe, pois a China era considerada parte crucial da ordem mundial que os Estados Unidos estavam tentando reconstruir. Discutiu-se muito nos Estados Unidos a respeito de quem teria sido responsável pela perda da China, e o debate continua até hoje. É uma perspectiva interessante: perdemos a China porque ela era nossa e alguém nos fez perdê-la, sabe? Bem, esse foi o primeiro caso de declínio, e de imediato desencadeou uma preocupação séria sobre a possibilidade de perder o Sudeste Asiático. Foi aí que a política dos Estados Unidos se voltou para essa região.

Nos primeiros anos depois da guerra, havia um conflito de iniciativas em termos de políticas. Os Estados Unidos se opunham aos antigos sistemas imperiais da região, por bloquearem as intervenções econômicas e de outra ordem vindas dos Estados Unidos. Mas também se opunham aos movimentos nacionalistas que estavam se desenvolvendo. Então havia políticas conflitantes sendo moldadas em lugares diferentes. Na Indonésia, por exemplo, depois do massacre de 1948 em Madiun, os Estados Unidos decidiram apoiar Sukarno [primeiro presidente da Indonésia, entre 1945 e 1967]. Mas na Indochina, no fim da década de 1940, os Estados Unidos hesitaram e acabaram mudando de postura, apoiando a reconquista francesa. Mas, se você consultar os documentos, verá que a preocupação mesmo não era com a Indochina, e sim com a Indonésia. A Indonésia era rica em recursos, um país importante, enquanto a Indochina não tinha a mesma relevância. Mas havia um temor, segundo os planejadores, de que "a podridão se espalharia" do Vietnã para a Tailândia e até para a Indonésia, podendo até chegar ao Japão. Os Estados Unidos tinham receio de que o Japão se "adaptasse" a um Sudeste Asiático independente e se tornasse o centro industrial e comercial da região. Isso, com efeito, representaria uma derrota para os Estados Unidos na fase Pacífico da Segunda Guerra Mundial, que foi travada para evitar que o Japão desenvolvesse o que chamavam de Nova Ordem na Ásia. Em linhas gerais, foi isso. Em 1950, os Estados Unidos não estavam preparados para perder a Segunda Guerra Mundial, então foi aí que deram início a um apoio intenso aos franceses na Indochina.

E aí, em 1958, [Dwight] Eisenhower realizou a maior intervenção já promovida até aquele momento no pós-guerra: tentou separar as ilhas externas da Indonésia, onde está a maior parte dos recursos naturais, para que elas caíssem no controle dos Estados Unidos. Os Estados Unidos também estavam preocupados com o excesso de democracia na Indonésia. Se você ler os arquivos estadunidenses desse período, verá que o país tinha receio de que o governo de Sukarno estivesse permitindo a participação política do PKI (Partido Comunista da Indonésia), entendido pela academia basicamente como o partido dos pobres. Os Estados Unidos tinham medo de que, se continuasse assim, se houvesse um processo democrático, o PKI poderia ganhar controle. Mas a intervenção dos Estados Unidos falhou. E nós sabemos o que aconteceu em 1965.

ANDRE VLTCHEK

O golpe patrocinado pelos Estados Unidos, os massacres de comunistas, intelectuais e da minoria chinesa. Cerca de 3 milhões de pessoas morreram.

NOAM CHOMSKY

Não sei de números tão altos, mas seja qual for o número, foi terrível.

ANDRE VLTCHEK

O atual presidente, Susilo Bambang Yudhoyono, foi casado com a filha de Sarwo Edhie Wibowo, famoso general "boina-vermelha" das forças especiais que adorava se gabar, dizendo que ele e os companheiros mataram 3 milhões de pessoas depois de 1965. Ele foi um dos poucos que confirmou 3 milhões.

Na minha opinião, foi um evento de extrema importância para o Ocidente, porque os governos e as empresas ocidentais fizeram um teste prático para ver que poderia ser aplicado anos depois em muitas outras partes do mundo. De certa forma, não foi só um golpe, mas também um experimento econômico. Foi uma oportunidade de implementar um sistema econômico pró-mercado radical imposto pela Universidade da Califórnia em Berkeley por meio de colaboradores indonésios da instituição cliente Universidade da Indonésia. Antes mesmo do golpe, Berkeley já tinha construído uma equipe alternativa de economistas indonésios na Universidade da Indonésia. Algum tempo depois, o Departamento de Economia da Universidade de Chicago tentou forjar a mesma aliança indecente com a Universidade do Chile, que recusou a proposta. Mas aí entraram em contato com a Universidade Católica de Santiago, e ela aceitou. Então, antes do golpe de 1973 no Chile, assim como na Indonésia antes do golpe de 1965, já havia um sistema econômico pró-mercado alternativo e fundamentalista estabelecido.

Propaganda anticomunista na Indonésia. (Copyright Andre Vltchek)

NOAM CHOMSKY

Você tem razão de destacar que os eventos na América do Sul e no Sudeste Asiático aconteceram paralelamente. É comum isso passar despercebido. Deveria ser uma prioridade de análise em termos de planejamento de políticas. É incontestável que os planejadores de Washington têm preocupações globais. Essas perspectivas cruciais tendem a ser ignoradas, acredito, partindo-se da suposição útil de que os Estados Unidos não seriam um ator de fato nas relações internacionais. Washington reagiria aos outros, com uma dedicação de "fazer o bem" de forma ingênua e desajeitada.

Um ano antes do golpe de Suharto houve o golpe no Brasil, que era o país mais importante da América do Sul. O golpe brasileiro foi planejado pelo governo Kennedy e foi levado a cabo alguns meses depois do assassinato [do presidente dos Estados Unidos]. Esse caso ilustra de modo interessante o declínio do poderio estadunidense, acredito. As políticas do governo que os Estados Unidos ajudaram a derrubar, de João Belchior Marques Goulart, não eram muito diferentes das políticas de Lula, mas agora Lula [Luiz Inácio Lula da Silva] é o queridinho do Ocidente. Na época, essas políticas eram tão intoleráveis que o governo precisou ser derrubado e uma ditadura militar brutal precisou ser instaurada. Essa foi a primeira e desencadeou um efeito dominó – o Brasil é importante –, com o colapso de um governo atrás do outro. E aí entravam os economistas formados na Escola de Chicago.

ANDRE VLTCHEK

De certa forma, acredito que os abalos do golpe na Indonésia foram sentidos depois até em lugares distantes, como na África do Sul e na Rússia de [Boris] Iéltsin. O experimento deu certo, e o Ocidente replicou a experiência em vários lugares, de Moscou a Pretória e Quigali, em Ruanda.

NOAM CHOMSKY

E no Chile também. Foi muito evidente. A direita declarava como a "solução de Jacarta".

Conversei com muita gente do governo de [Salvador] Allende, pessoas que hoje já estão bem velhas, e elas contaram que antes do golpe ouviram gritarem: "Companheiros, cuidado, Jacarta está chegando!". Elas disseram: "Nós não sabíamos o que exatamente eles queriam dizer com 'Jacarta'. Sabíamos que era a capital da Indonésia, mas não tínhamos ideia do banho de sangue que estavam prometendo".

Alguns anos atrás, fiz um documentário, *Terlena – Breaking of the Nation* [Terlena: a fratura da nação], sobre o golpe de 1965 e as consequências na Indonésia. Quando o filme foi exibido em Montevidéu, no Uruguai, e principalmente mais tarde em Santiago do Chile, sobreviventes do golpe de 1973 foram ao palco chorando, me abraçaram e disseram: "A gente não sabia que era a mesma coisa aqui no Chile e na Indonésia. Igual!".

NOAM CHOMSKY

Foi interessante ver a reação nos Estados Unidos, no Reino Unido e na Austrália. O massacre na Indonésia foi descrito com muita precisão, então o *The New York Times*, por exemplo, escreveu sobre o que chamou de "chacina descomunal". O principal correspondente liberal do jornal, James Reston, tinha uma coluna em que elogiou os eventos como um "raio de luz na Ásia". Foi essa a descrição do principal jornal do Ocidente. Ele e os editores elogiaram o governo dos Estados Unidos por manter o papel do país em segredo, para que os generais indonésios "moderados", segundo eles, pudessem levar o crédito como se tivessem feito aquilo sozinhos. Não queriam desmerecê-los dizendo: "Olha só, nós ajudamos vocês." Aconteceu a mesma coisa na Austrália e no Reino Unido, uma euforia incontida.

Uma comparação impossível de evitar, com implicações bem diferentes, é a forma como Cuba tratou seu próprio papel decisivo na libertação da África. Os cubanos não fizeram alarde e quiseram que líderes das nações africanas levassem o crédito e o prestígio. Tudo isso veio à tona recentemente, pelo historiador diplomático extraordinário Piero Gleijeses, da Johns Hopkins. Seria bom ver a comparação desenvolvida em outros lugares.

McGeorge Bundy, assessor de segurança nacional de [John] Kennedy e [Lyndon] Johnson, refletiu anos mais tarde que teria sido uma boa ideia encerrar a Guerra do Vietnã em 1965. Com o golpe na Indonésia, os Estados Unidos tinham efetivamente ganhado a guerra no Sudeste Asiático. Em 1965, o Vietnã já estava destruído, não se tornaria modelo para ninguém, e os Estados Unidos tinham garantido o controle da Indonésia, principal preocupação naquele momento. E aí foram instauradas ditaduras em todas as regiões próximas para evitar que "a podridão" se espalhasse – a "podridão" do desenvolvimento independente bem-sucedido, que poderia ser modelo para outros lugares, um tema recorrente na história da Guerra Fria. No imaginário de Henry Kissinger, esses movimentos nacionalistas eram um vírus, que poderia disseminar um contágio. Ele aplicou essa ideia a Allende também. O governo do chileno seria um vírus que poderia espalhar o contágio até o sul da Europa. Se as pessoas vissem que havia um caminho parlamentar para a reforma social, seria um grande perigo. [Leonid] Brejnev aparentemente concordou com isso, temendo a propagação do "eurocomunismo", uma forma de social-democracia e uma concorrência para a tirania soviética sob o nome do "comunismo".

Se existe um vírus que vai disseminar um contágio, é preciso destruí-lo e inocular aqueles que poderiam ser infectados, e isso foi feito no Sudeste Asiático e na América Latina na mesma época. Foi na década de 1960 que a maior onda de repressão começou a se formar em toda a América Latina. Foi instaurada a ditadura no Brasil, que durou até os anos 1980. Depois outras peças de dominó caíram, levando por fim às guerras assassinas de Reagan na América Central. No Sudeste Asiático foi Ferdinando Marcos nas Filipinas, na Tailândia houve uma ditadura, havia Suharto na Indonésia e a democracia birmanesa foi basicamente destroçada, com efeitos que se prolongam até hoje. De repente, tudo ficava bem depois que o contágio era interrompido e o vírus, destruído.

De qualquer forma, o poder dos Estados Unidos vinha decaindo e, em 1970, a fatia da riqueza mundial detida pelo país já tinha diminuído para cerca de 25% – o que é muito, mas não chega aos 50% que abocanhava em 1945. E o mundo estava sendo considerado economicamente tripolar. Os grandes centros econômicos estavam na Europa (centrados na Alemanha Ocidental), na América do Norte (principalmente nos Estados Unidos) e no leste da Ásia (em torno do Japão). Esta última já era a região econômica mais dinâmica do mundo. E desde então, o declínio dos Estados Unidos só se aprofundou. Nos últimos dez anos, a perda da América do Sul foi muito significativa, pois era considerada uma região completamente assegurada. Tanto que nem se discutia. E agora os Estados Unidos praticamente estão sem influência na América do Sul, com exceção da Colômbia – só um pedacinho perto do Peru. Os Estados Unidos estão tentando recuperar isso, mas nada na escala que já foi. Falamos sobre a conferência de Cartagena (a Cúpula das Américas) – isso ilustrou de forma extraordinária a perda do poderio estadunidense no hemisfério. Os Estados Unidos ficaram isolados em uma questão crucial e provavelmente nem participarão dos próximos encontros hemisféricos.

A Primavera Árabe é outra preocupação. Se a Primavera Árabe de fato levar ao desenvolvimento de algum tipo de democracia funcional na região, pode ser um grande problema para os Estados Unidos e aliados. É evidente que a opinião pública no mundo árabe se opõe muito aos Estados Unidos e a seus aliados, então houve grandes esforços para manter a democracia na região sob controle.

O poderio dos Estados Unidos ainda é acachapante e pouco desafiado, mas está em declínio. Hoje o país não pode agir da forma como agia no passado. Não pode derrubar governos na América Latina. Não tem a força militar para intervir em outros lugares, no Oriente Médio e assim por diante.

ANDRE VLTCHEK

Mas interveio. O governo Obama conseguiu derrubar dois governos de esquerda na América Latina há pouco tempo: em Honduras e no Paraguai. Concordo com você que, proporcionalmente, os Estados Unidos controlam um pedaço menor da economia global hoje na comparação com o pós-Segunda Guerra Mundial, mas hoje o Império combina Estados Unidos e UE e pode-se dizer que até o Japão. Unindo essas três potências, a situação não fica muito diferente do que era no fim da Segunda Guerra.

NOAM CHOMSKY

Entendo o que você está dizendo, mas acho que isso subestima a independência da Europa e do Japão. E tem mais. Voltando ao início da década de 1950, os planejadores dos Estados Unidos tinham muito receio de que a Europa pudesse se tornar o que chamavam de "terceira força". Ela poderia avançar para uma independência das duas superpotências. Essa era uma das grandes preocupações, e um dos métodos para evitar isso foi a Otan.

A Otan foi apresentada como uma força militar para defender a Europa das hordas russas. Aceitar isso totalmente nunca foi fácil, mas foi muito marcante ver o que aconteceu em 1989 com a queda do Muro de Berlim. Para que serviria a Otan se não houvesse mais hordas russas? As doutrinas deveriam ter levado à previsão de que a Otan seria desmembrada, mas o que aconteceu foi que a organização se expandiu.

George Bush pai e James Baker fizeram um pacto com Mikhail Gorbachev para permitir que a Alemanha unificada entrasse na aliança militar ocidental, o que não é brincadeira do ponto de vista da Rússia. Mas, em troca, a Otan não poderia avançar "um dedo para o leste". Bom, a organização avançou imediatamente para o leste, e Gorbachev ficou bem irritado. Disseram para ele que o pacto não tinha passado de um acordo verbal. Se você tem a ingenuidade de aceitar a nossa palavra, problema seu. Não tinha nada por escrito. Então avançaram para o leste e continuaram. Agora a Otan é uma força de intervenção global comandada pelos Estados Unidos. O país tem um mandato oficial para controlar o sistema energético internacional, rotas marítimas, dutos e assim por diante.

O orçamento militar de 1989 foi muito interessante. O governo Bush também adotou uma estratégia nova de defesa, a "Estratégia de Segurança Nacional", alegando que os Estados Unidos precisavam manter um imenso sistema militar, não por causa dos russos, já que eles não eram mais uma questão, mas por causa do que chamaram de "sofisticação tecnológica" das potências do Terceiro Mundo. Em segundo lugar, afirmou-se que os Estados Unidos precisavam manter uma "base industrial de defesa". Isso é eufemismo, referindo-se à indústria de alta tecnologia desenvolvida, principalmente, com iniciativa e gastos do governo, em geral pelo Pentágono.

Mas a questão mais interessante se refere ao Oriente Médio. Alegou-se que os Estados Unidos tinham que manter forças de intervenção direcionadas ao Oriente Médio, porque os graves problemas enfrentados na região não poderiam ser "colocados na conta do Kremlin". Em outras palavras, contrariando cinquenta anos de mentiras, não foi por medo dos russos, mas por causa da ameaça do "nacionalismo radical" – do nacionalismo independente. E agora os Estados Unidos abriam o jogo, e tudo desanuviava. Mas não fez diferença, porque isso não virou notícia nem foi estudado na academia. Acho que fui uma das poucas pessoas que pautaram isso. Esse momento crucial, com o colapso do inimigo global, é exatamente o que deveria ser analisado para se entender a Guerra Fria. O que aconteceu quando ela acabou deveria ser analisado.

Então a Europa, em grande medida, segue a liderança dos Estados Unidos e só tem raras iniciativas independentes. Isso acontece sobretudo com o Reino Unido. Se você ler os arquivos do Ministério de Relações Exteriores britânico da década de 1940, fica claro que eles reconheciam que os dias de glória tinham acabado e que o Reino Unido teria que atuar como "sócio júnior" dos Estados Unidos, às vezes recebendo um tratamento bem humilhante. Um exemplo marcante aconteceu em 1962, na época da crise dos mísseis de Cuba. Os planejadores de Kennedy estavam tomando decisões muito perigosas e implementando políticas que acreditavam ter boa chance de levar a uma guerra nuclear, e sabiam que o Reino Unido seria arrasado. Os Estados Unidos não seriam, porque os mísseis russos não alcançavam o país, mas o Reino Unido seria.

Os planejadores não contavam aos britânicos o que estavam fazendo. Harold Macmillan, primeiro-ministro britânico, estava desesperado tentando entender o que acontecia em Washington, e só descobriu o que a inteligência do seu país conseguiu identificar. E bem nessa época, um assessor sênior dos Estados Unidos disse em uma discussão interna que os britânicos não deveriam saber que os Estados Unidos não confiavam neles. Um deles descreveu a verdadeira natureza da famosa "relação especial": "Os britânicos são nosso tenente. O termo elegante é 'parceiro'". E é isso que os britânicos são. Os europeus continentais são ainda menos: só seguem o fluxo, mas preocupam um pouco, por não serem de total confiança. Na verdade, nenhum deles é de total confiança. Todos têm capacidade de seguir um rumo independente e já fizeram isso algumas vezes.

ANDRE VLTCHEK

Mesmo assim, a política externa dos Estados Unidos hoje é totalmente baseada na cultura colonialista da Europa.

Mas também é a cultura dos Estados Unidos. Um dos principais historiadores que investiga o imperialismo, Bernard Porter, apontou há alguns anos que devemos ter cuidado com o que ele chamou de "falácia da água salgada", segundo a qual só é imperialismo quando se atravessa água salgada. Ele argumenta que não há diferença entre cruzar o Mar da Irlanda e o Rio Mississippi – de qualquer forma, é imperialismo. Então a conquista do território nacional dos Estados Unidos não é chamada de imperialismo, mas essa é uma decisão linguística. Claro que foi a conquista do território e da terra de outras pessoas, primeiramente da população originária, mas também de metade do México (todo o sudoeste e oeste do país era território mexicano, por isso há cidades com nomes como *San Francisco* e *San Diego*). Foi só depois dessa fase de imperialismo estadunidense que o imperialismo de além-mar começou. Cuba em 1898, também Porto Rico, Havaí, Filipinas e assim por diante.

Essa é uma forma especial de imperialismo que se desenvolveu na chamada "anglosfera", países de língua inglesa que surgiram como colônias britânicas. É diferente do imperialismo convencional, não só por comandar os países conquistados ou administrados, como também expulsar ou exterminar a população originária e depois se estabelecer na região. Aconteceu o mesmo processo na Austrália e no Canadá, e quase o mesmo na Nova Zelândia, com a diferença de que os maores resistiram e ainda hoje estão, de alguma forma, integrados à sociedade, mas a estrutura é a mesma. Na Tasmânia, a população indígena foi dizimada mais ainda do que nos Estados Unidos. Há quem diga que foi totalmente dizimada, mas já ouvi falar de descendentes que negam isso. E isso não pode ser reconhecido dentro de um sistema doutrinário.

A Organização das Nações Unidas tem um relator para os Direitos dos Povos Indígenas, que decidiu investigar esses direitos nos Estados Unidos. Claro, encontraram o tipo de história de terror que é comum em reservas indígenas. Publicaram o relatório e quase não se falou disso, não conseguiram dar visibilidade ao documento. A única cobertura que encontrei foi na Fox News, canal de direita que ficou furioso quando o relatório saiu. Foi interessante ler os comentários depreciativos sobre aquelas criaturas miseráveis das Nações Unidas: "Que direito eles têm de vir se meter nos nossos problemas? Vamos dar um fim nas Nações Unidas!". Coisas assim. Parecia que a ideia de alguém investigar os direitos indígenas nos Estados Unidos era inaceitável. A mentalidade imperialista continua existindo em grande medida, mas a capacidade de implementar as políticas sofreu uma queda brusca. Você vê isso em todo o mundo.

Base de Futenma do Corpo dos Fuzileiros Navais dos Estados Unidos em Okinawa, no Japão. (Copyright Andre Vltchek)

ANDRE VLTCHEK

Você acha possível que a população dos Estados Unidos compreenda o impacto negativo do país para o resto do mundo? Haveria algum jeito de as pessoas começarem a perceber o dano que causaram?

A década de 1960 teve um efeito civilizatório real sobre a sociedade estadunidense. Há coisas que hoje podem ser feitas de modo convencional que teriam sido muito improváveis na década de 1950 e 1960, um período muito conformista. Algum tempo atrás, fui a Greensboro, na Carolina do Norte, para dar algumas palestras sobre Israel e Palestina. Se fosse cinco ou dez anos atrás, não seria possível falar sobre esse tema. Eu teria que andar com escolta policial até mesmo no MIT. Já hoje, há um grande público interessado e preocupado com a política dos Estados Unidos.

A disposição de se atentar às consequências das ações dos Estados Unidos tem crescido. Não vou dizer que já é uma preocupação que domina a sociedade, mas a atenção está aumentando e se tornando mais substancial. Veja os dois crimes centrais da história dos Estados Unidos: o extermínio praticamente total da população indígena (para usar os termos dos fundadores) e a escravidão. Até a década de 1960, até antropólogos profissionais diziam que havia pouquíssimos indígenas americanos, e que seriam todos caçadores-coletores nômades. Foi só por cerca de 1975, imagino, que o primeiro livro sério abalou essa mitologia, chamado *The Invasion of America* [A invasão da América], de Francis Jennings. Já havia outros, mas foram suprimidos. Helen Hunt Jackson escreveu uma obra reveladora sobre o que havia sido feito com a população originária da América do Norte nos anos 1880 – ainda estava acontecendo na época –, mas acho que foram impressas cerca de duzentas cópias, e o título logo desapareceu. O livro ressurgiu nos anos 1970–80, mas pouquíssimas pessoas o leram até hoje. Francis Jennings não era antropólogo acadêmico profissional, mas sim diretor de um museu dedicado à questão indígena. Ele fez uma extensa pesquisa e levantou todo tipo de material, o que teve um grande efeito sobre os movimentos que se desenvolveram a partir dos anos 1960. Naquele momento, as pessoas estavam prontas para refletir sobre isso.

A situação já era muito diferente da época da minha infância, na década de 1930 e 1940. Minha família era da esquerda liberal, com um certo fundo radical, mas meus amigos e eu brincávamos de índios e *cowboys* no bosque. Nós éramos os *cowboys* que matavam os índios, sabe? Nos anos 1960 e 1970 já não era mais tanto assim. Em 1969, uma filha minha estava com dez anos e eu estava dando uma olhada nos livros didáticos dela. Um deles chamava *Exploring New England* [Explorando a Nova Inglaterra] e guiava as crianças pelo início da história da Nova Inglaterra. Tinha um homem mais velho que aparecia como guia e o protagonista era um menino. E esse homem mais velho mostrava todas as coisas maravilhosas que tinham acontecido no assentamento da região. Eu fiquei pensando: "Como é que vão tratar questões como o Massacre de Pequot?". Foi um massacre terrível em que os colonizadores selvagens mataram todas as mulheres e crianças. E na verdade o episódio estava retratado com bastante precisão, e a reação do menino era: "Eu queria ser homem e estar lá". Ele dizia que queria matar as mulheres e crianças, expulsá-las e tomar as terras delas. Mostrei o livro para minha mulher. Ela ficou escandalizada, claro, e foi falar com a professora. A professora perguntou qual era o problema, e minha esposa mostrou a passagem. A professora olhou e disse que não viu nenhum erro de ortografia! Ela não entendeu qual era o problema. Então minha mulher perguntou: "Você acha certo ensinar essas coisas para as crianças? Principalmente agora, com o massacre de Mỹ Lai nas manchetes?". A reação da professora foi: "Bom, nem todo mundo é progressista igual a você". Então, entre nós, a maioria não vê problema em exterminar pessoas e tomar terras alheias. Isso aconteceu em 1969 e não foi em uma região retrógrada do sul rural, mas na progressista Nova Inglaterra. Hoje isso mudou, tenho certeza de que não é mais possível ter livros didáticos iguais àquele, e a imagem dos povos originários mudou.

Acontece coisa parecida com relação à história da escravidão, que também foi suprimida. Hoje começam a aparecer as verdadeiras narrativas. Havia uma aceitação de que, depois da Guerra Civil [dos Estados Unidos], as coisas melhoraram, as pessoas escravizadas foram libertadas e assim por diante. O primeiro trabalho está começando a surgir agora, fora dos estudos acadêmicos, mostrando que, depois da eliminação formal, a escravidão foi essencialmente reintroduzida. Dez anos depois da Guerra Civil, depois das emendas e tudo mais, foi firmado um pacto entre o norte e o sul do país, que na essência permitiu o restabelecimento de uma forma de escravidão no sul, com a criminalização da vida negra. Quase tudo que um homem negro fazia poderia ser considerado crime, como estar parado na esquina ou olhar para uma mulher branca, enfim. Logo já havia uma imensa população de homens negros presos, que se tornaram uma ótima força de trabalho. Era bem melhor que escravizá-los: ao escravizar uma pessoa, você precisa tomar conta dela, e ela é sua propriedade. Se você passa a usar a mão de obra que vem das cadeias, não precisa cuidar deles, eles não vão fazer greve, não vão pedir salários melhores. Uma boa parte da revolução industrial dos Estados Unidos se baseou nisso. Isso chega quase até a Segunda Guerra Mundial e só agora começa a ser reconhecido. Tem uma semelhança com o que acontece hoje com a criminalização de grande parte da força de trabalho negra sob o pretexto racista da "guerra às drogas", que assumiu a forma atual na era Reagan.

Mas veja o exemplo da Guerra do Vietnã. Como já discutimos, foi marcado há pouco tempo o cinquentenário do início da guerra. No início do conflito, comecei a falar sobre isso, dava palestras na sala das pessoas com dois ou três vizinhos, na igreja com quatro participantes. Quando tentávamos promover encontros sobre a Guerra do Vietnã no MIT no início dos anos 1960, precisávamos reunir uma meia dúzia de temas, Venezuela, Vietnã, Israel, para assim talvez contar com a presença de umas dez pessoas.

Em Boston, que talvez seja a cidade mais progressista do país, o primeiro esforço para se promover uma manifestação pública na

Boston Common, espaço comum de encontros, aconteceu em outubro de 1965, em uma jornada internacional de protestos. O ato foi dispersado com violência, principalmente por estudantes. Eu seria uma das pessoas a falar, mas não dava para ouvir nada. Só não sofremos violência física porque estava cheio de policiais estaduais – não que eles estivessem gostando da manifestação, mas porque não queriam que ninguém morresse na Boston Common. O *The Boston Globe*, maior jornal progressista do país, publicou uma denúncia amarga dos atos no dia seguinte, ao lado da imagem de um veterano de guerra ferido. O rádio estava cheio de denúncias terríveis de atividades criminosas contra aqueles que questionavam o valor e a nobreza dos nossos meninos que estavam salvando o Vietnã. Uma série de coisas nesse sentido.

Antes, minha mulher tinha levado nossas duas filhas pequenas a uma manifestação de mulheres em Concord, uma região suburbana tranquila de classe média, com uma longa tradição pacifista. Não era nada demais, elas só estavam lá com alguns cartazes. As mulheres e meninas foram atacadas por uma multidão indignada que jogou latas e tomates nelas.

Mais tarde, depois de cinco anos de guerra, em março de 1966, houve mais uma jornada internacional de protestos. Percebemos que não seria possível fazer uma manifestação pública, então realizamos o ato em uma igreja. A igreja foi atacada. Mais uma vez, atiraram latas e tomates, e as pessoas aplaudiram. Mais tarde isso mudou, mas foi um processo lento.

ANDRE VLTCHEK

A trajetória de Barack Obama tem uma grande conexão com o serviço de inteligência dos Estados Unidos, principalmente nas operações em dois lugares, Quênia e Indonésia, onde ele passou a infância. O pai de Obama foi recrutado por Tom Mboya, político queniano de direita do povo luo, que era muito próximo do governo dos Estados

Unidos. Eles foram para o Havaí, onde receberam treinamento e instrução e depois voltaram para a África. Lá, Mboya e o pai de Obama ajudaram Kenyatta, primeiro presidente do Quênia, a se livrar de todas as influências de esquerda e a relegar o líder progressista Oginga Odinga.

NOAM CHOMSKY

Sim. Não sei quanto contato ele teve com o pai, na verdade.

ANDRE VLTCHEK

Não muito. O pai morreu quando ele era novo, mas ele teve algum contato. O pai era alcoólatra, se envolveu em vários acidentes de carro no Quênia e passou grande parte dos últimos anos de vida com restrições de mobilidade. Mas não foi só o pai queniano de Obama que participou de uma cruzada contra a esquerda.

O presidente Obama passou parte da infância na Indonésia. A mãe dele casou de novo quando conheceu um oficial do exército indonésio que estava recebendo treinamento no Havaí. Ele foi convocado a voltar ao país depois do golpe de 1965. A mãe e o jovem Obama chegaram a morar na Indonésia por um curto período depois do golpe. Ele cresceu em Menteng, um bairro da elite de Jacarta, então até hoje é conhecido lá como Barry de Menteng. Era um bairro de classe média alta e alta bem consolidado, e a família morava no complexo militar. Até hoje ele fala com carinho da infância, que, na verdade, coincide com o período de torturas, assassinatos em massa, estupros e desaparecimentos registrados em toda a Indonésia. Enquanto o jovem Obama aproveitava a infância, o maior autor indonésio, Pramoedya Ananta Toer, escrevia sobre rios obstruídos de cadáveres humanos. O regime militar e os simpatizantes entre os quadros religiosos de direita assassinaram 40% dos professores javaneses e colocaram militares para substituí-los nas aulas. É difícil imaginar o horror que se seguiu na Indonésia depois de 1965. Mas o presidente Obama tem lembranças ternas desses anos.

NOAM CHOMSKY

Quantos anos ele tinha? Ele tinha idade para entender?

ANDRE VLTCHEK

Ele estava em idade escolar, mas mesmo as crianças sabiam. Muita gente desapareceu. Não tinha como fugir disso. Na época, a Indonésia só tinha cerca de 100 milhões de habitantes, e dois a três por cento da população foi assassinada. Outros milhões sofreram com expurgos, estupros, tortura, encarceramento. É preciso ter muita disciplina para não perceber e não se lembrar disso.

NOAM CHOMSKY

Ele comenta alguma coisa sobre isso?

ANDRE VLTCHEK

Ele já comentou alguma coisa abstrata, mas fala mais sobre a infância maravilhosa que passou em Jacarta, o que faz pensar se os republicanos deveriam mesmo se preocupar tanto com ele. Acho que ele representa uma parte bem sólida do *establishment*. As políticas dele para certas regiões do mundo – de Honduras à Indonésia – estão bem à direita, falando em termos bem moderados.

NOAM CHOMSKY

Eu diria que estão no *mainstream* liberal, o que é bem longe da direita.

ANDRE VLTCHEK

Quando a secretária de Estado do governo dele, Hillary Clinton, foi a Jacarta, ela disse – vou parafrasear: "Se alguém me perguntasse se islamismo, democracia e direitos das mulheres podem andar juntos, eu diria para irem à Indonésia".

NOAM CHOMSKY

Suharto veio aos Estados Unidos em 1995. O governo Clinton o recebeu e o descreveu como "o tipo de cara que gostamos". Eles sabiam o que tinha acontecido na Indonésia. Sabiam do Timor-Leste, sabiam das histórias de terror, e mesmo assim ele era "o tipo de cara que nós gostamos". Ele abriu a sociedade para o investimento e a exploração ocidental, então qual seria o problema?

ANDRE VLTCHEK

Tem razão: qual seria o problema?

Como estamos chegando ao fim da nossa conversa, eu gostaria de trazer um tema que ainda não tratamos e que é essencial para tudo que discutimos. É interessante como o eleitor dos Estados Unidos e da Europa é complacente. Sempre reparo que, na Alemanha, na Inglaterra ou na França, quando vou a um café, converso e escuto as pessoas, elas parecem totalmente desiludidas com o sistema político e social do país delas. Elas não gostam de nenhum partido político nem querem participar do sistema. É uma coisa que se ouve sempre, mas quando chega a eleição, elas votam ou no candidato hegemônico – isto é, de direita – ou escolhem extremistas de direita, como acontece periodicamente na França. Tem gente que diz que faz isso para "punir" o sistema, mas, na verdade, os eleitores estão punindo a si próprios, sobretudo o resto do mundo, que é obrigado a sustentar os padrões de vida ainda altos das nações ocidentais, por meio do saque de seus recursos e outros meios terríveis.

José Saramago escreveu um romance brilhante chamado *Ensaio sobre a lucidez*, sobre o que aconteceria a um país ocidental "democrático" onde a maioria da população começasse a votar em branco. O Estado declara lei marcial e basicamente começa a matar os próprios cidadãos. Então, do ponto de vista dele, só se permite que a "democracia" funcione no Ocidente enquanto ela servir aos interesses das elites dominantes. As pessoas podem sair para votar, desde que levem o processo a sério, cheguem na cabine, coloquem a cédula na urna, e desde que votem nos candidatos que apoiam o sistema. Mas quando as pessoas se recusam ou rejeitam a percepção do regime sobre o que deveria ser a democracia, o mecanismo da brutalidade e da opressão começa a operar.

NOAM CHOMSKY

Tem uma frase famosa, acho que da Emma Goldman: "Se votar fizesse alguma diferença, seria ilegal". Na verdade, eu tive uma conversa interessante sobre isso com Lula no fim dos anos 1990, antes de ele ser eleito presidente. Eu estava no Brasil e passei um bom tempo com ele. Na época, a popularidade dele estava nas alturas segundo as pesquisas, e eu perguntei se ele achava que seria eleito algum dia. Ele respondeu: "Eu entendo a mentalidade dos camponeses e, mesmo que me apoiem, quando chegarem na cabine de votação, vão se perguntar: 'Será que o país pode ser governado por alguém igual a mim?'. E a resposta deles vai ser: 'Não, não. Precisa ser um daqueles ricos espertos lá'. Então vão votar em um deles". Mas, no fim, acabou não sendo isso. A mentalidade mudou.

ANDRE VLTCHEK

Noam, eu gostaria de terminar nossa conversa por aqui. Nós discutimos crimes contra a humanidade cometidos pelos Estados Unidos, pela Europa e por aliados depois da Segunda Guerra Mundial. Estamos vivendo um período muito preocupante. Estão sendo realizadas campanhas de extermínio em massa no Congo e na Papua. Nações inteiras estão sendo aniquiladas: Somália, Sudão, Uganda, Líbia e Afeganistão. Existe um risco sério de que países como a Síria e o Irã sejam os próximos na lista de alvos. É comum o Ocidente fabricar conflitos, incentivando países ao confronto, como testemunhei recentemente nas Filipinas, onde alguns acadêmicos me explicaram que o Ocidente está colocando Filipinas e outros países da região contra a China na disputa pelas ilhas. A guerra deixou de ser um combate direto e agora é dominada por mísseis mortais, campanhas de bombardeio e agora pelo que há de mais recente e terrível nos armamentos: os drones, sinônimos de terrorismo e impunidade total, matando sem que a nação invasora tenha que arriscar a vida dos próprios soldados. É uma guerra de um lado só. Para um lado, é um jogo eletrônico. Para o outro, o horror das comunidades destruídas, indivíduos assassinados e corpos mutilados.

O Ocidente parece estar tentando consolidar o controle sobre o mundo. Não tem muita coisa que impeça esse caminho, apenas alguns países e indivíduos determinados. Mas, como mostra a história, talvez isso seja suficiente para impedir o terrorismo e garantir a vitória do humanismo.

NOAM CHOMSKY

Existem duas tendências concomitantes. Se alguém observar o mundo de fora, dirá que a trajetória principal vai no sentido do suicídio, como se fosse uma corrida para o abismo. Mas a outra está crescendo na direção contrária, e isso tem produzido algumas vitórias. Aconteceram transformações até mesmo nos últimos trinta a quarenta anos, e elas são significativas. A pergunta é: qual dessas trajetórias vai dominar?

Se quiser ser realista, não parece haver muita esperança, mas só temos duas alternativas: uma é dizer "é inútil, vamos desistir" e garantir que o pior aconteça. E a outra é dizer: "Bom, gostaríamos de melhorar as coisas, então vamos tentar". Se der certo, deu. Se não der, voltamos à pior alternativa. Essas são as duas opções que temos.

Linha do tempo Compilação

Produzida por Gabriel Humberstone

Agosto de 1945

Estados Unidos lançam as primeiras bombas atômicas, contra Hiroshima e Nagasaki, provocando a morte de 246 mil pessoas, segundo estimativas. Seis dias depois, o Japão se rende aos Aliados, colocando fim à Segunda Guerra Mundial.

Outubro de 1945

Criação da Organização das Nações Unidas, em que Estados Unidos, Reino Unido, França, União Soviética e China assumiram posição de primazia como membros permanentes do Conselho de Segurança.

1946–54

Primeira Guerra da Indochina: França combate o comunista Việt Minh, na tentativa de reconquistar o controle colonial do Vietnã, ocupado pelo Japão durante a Segunda Guerra Mundial. Ao fim da guerra, os franceses deixaram o Sudeste Asiático, e o Vietnã foi dividido em Norte, comunista, e Sul, apoiado pelos Estados Unidos.

1947–48

Primeira Guerra da Caxemira, travada entre Índia e Paquistão na disputa pelos territórios da Caxemira e Jammu. Foi o primeiro de quatro conflitos entre as duas nações por esses territórios.

Abril de 1949

Formação da Organização do Tratado do Atlântico Norte, a Otan, reunindo potências políticas e militares centrais em um acordo de defesa mútua e consolidando o poder dos Estados Unidos sobre grande parte do planeta.

Julho de 1953

Golpe nacionalista árabe no Iraque, conhecido como Revolução de 14 de Julho, que derruba a monarquia hachemita apoiada pelos britânicos.

Agosto de 1953

Golpe iraniano arquitetado por Estados Unidos e Reino Unido. O primeiro-ministro democraticamente eleito Mohammad Mossadegh é substituído por um governo militar liderado por Mohammad Rezā Shāh Pahlavi.

Junho de 1954

Golpe apoiado pela cia na Guatemala, conhecido como Operação pbfortune. O presidente Jacobo Arbenz Guzmán é derrubado e substituído por uma junta militar comandada pelo Coronel Carlos Castillo.

Janeiro de 1959

Revolução Cubana. Com o aumento da hostilidade dos Estados Unidos contra o governo revolucionário, Cuba desenvolve laços com a União Soviética.

Fevereiro de 1961

Morte de Patrice Lumumba, primeiro premiê democraticamente eleito na República do Congo, assassinado por Estados Unidos e Reino Unido.

Agosto de 1961

Estados Unidos testam guerra química contra o Vietnã com substância conhecida como Agente Laranja. Em novembro, o presidente John Kennedy assina a Lei de Assistência Internacional, para oferecer "assistência aos países ameaçados pelo comunismo". Aumenta gradativamente o envolvimento militar dos Estados Unidos no Sudeste Asiático.

Outubro de 1962

Crise dos mísseis cubanos. Foram 13 dias de aumento de tensão entre Estados Unidos e União Soviética, quando os soviéticos tentaram instalar mísseis nucleares em solo cubano, para impedir novas tentativas de invasão dos Estados Unidos. Por fim, a União Soviética recuou quando os Estados Unidos aceitaram retirar mísseis da Turquia e da Itália.

Março de 1964

Golpe no Brasil, provocando a queda do presidente João Goulart. O regime militar que assume é aliado próximo do governo dos Estados Unidos.

1964–73

Bombardeio da Planície dos Jarros, no Laos, pelos Estados Unidos, com a intensificação da guerra no Sudeste Asiático. Foi a mais intensa campanha de ataques aéreos da história dos Estados Unidos, e o número de bombas lançadas foi maior do que o registrado em toda a Segunda Guerra Mundial.

1965

Tentativa de golpe na Indonésia, com apoio dos Estados Unidos. A tentativa fracassa e a culpa é colocada no Partido Comunista. Depois do episódio, foram mortas entre 500 mil e 3 milhões de pessoas em um expurgo anticomunista. O presidente Sukarno é removido e logo substituído pelo General Suharto, que comanda um regime militar opressor apoiado pelos Estados Unidos.

1966–88

Guerra de Independência da Namíbia. Cuba oferece apoio militar, econômico e político à Organização do Povo do Sudoeste Africano (swapo). Dois mil soldados cubanos morrem em 22 anos de conflito.

1967–74

Período de ditadura militar na Grécia, instaurada após golpe liderado por um grupo de militares de direita.

Agosto de 1968

Invasão soviética da Tchecoslováquia, após o período de liberalização política conduzido por Alexander Dubček, conhecido como Primavera de Praga.

1969–70

Estados Unidos realizam Operação Menu, campanha de bombardeio de saturação no leste do Camboja e Laos, tendo como alvo comunistas vietnamitas.

Setembro de 1973

Golpe patrocinado pelos Estados Unidos contra o presidente Salvador Allende no Chile.

1975–91

Guerra do Saara Ocidental. Depois que a Espanha se retirou do Marrocos, o exército tomou o Saara Ocidental. A Frente Polisário do povo saarauí luta para conquistar independência do Marrocos em um conflito que se estende até hoje.

1975

Cuba intervém em apoio ao Movimento Popular de Libertação de Angola contra a intervenção da África do Sul e do Zaire, apoiada pelos Estados Unidos.

Dezembro de 1975

Indonésia invade Timor-Leste, ocupando o país até 1999. Estima-se que 100 mil a 180 mil pessoas foram mortas durante o conflito e a ocupação.

1978–82

Massacre do Rio Negro na Guatemala. Com financiamento do Banco Mundial e do Banco Interamericano de Desenvolvimento, o governo guatemalteco começa a construir a Barragem Hidrelétrica Chixoy, expulsando milhares de pessoas do povo maia achí de suas terras. Cerca de 5 mil pessoas foram mortas durante a desapropriação.

1979–92

Guerra civil de El Salvador. Conflito entre o governo militar apoiado pelos Estados Unidos e a coalizão de grupos guerrilheiros de esquerda.

Até hoje os Estados Unidos não ofereceram reparação ao país pela violência que financiaram.

Abril de 1986

Bombardeio da Líbia pelos Estados Unidos (Operação El Dorado Canyon).

Novembro de 1988

Os Estados Unidos adotam na íntegra a convenção contra o genocídio da onu. Desde a criação da organização, em 1948, o país gozava de imunidade total.

Junho de 1989

Massacre da Praça da Paz Celestial. Manifestações na China após a morte do reformista Zhao Ziyang levam à repressão em que manifestantes foram baleados pelos militares. O número exato de mortos não é conhecido. Ficou comprovado que o Ocidente, para desestabilizar a China, financiou muitos manifestantes diretamente.

Setembro de 1989

Invasão do Panamá pelos Estados Unidos, sob o codinome Operação Justa Causa. Estima-se que 3,5 mil pessoas tenham sido mortas.

Novembro de 1989

Queda do Muro de Berlim. Momento emblemático do colapso dos regimes comunistas no Leste Europeu, que se estendeu por todo o ano de 1989.

Assassinato de seis padres jesuítas em San Salvador, incluindo Óscar Romero. O crime foi cometido pelo Batalhão Atlacatl do exército salvadorenho e marcou um dos episódios mais sangrentos da Guerra Civil de El Salvador.

1990

Guerra entre Iraque e Kuwait, que levou à anexação deste por aquele e à Primeira Guerra do Golfo.

Presidente sul-africano F. W. de Klerk liberta Nelson Mandela e dá início a negociações que levariam ao fim do regime do apartheid na África do Sul.

1991

Dissolução da União Soviética sob Mikhail Gorbachev, colocando fim formalmente à Guerra Fria.

Abril de 1994

Queda de avião presidencial em Quigali leva à morte dos presidentes hutu de Ruanda e Burundi, desencadeando o genocídio de Ruanda e ao consequente genocídio na República Democrática do Congo. Entre quatro e dez milhões de pessoas ainda estão morrendo, enquanto Ruanda e Uganda saqueiam o país em nome de empresas e governos ocidentais.

Fevereiro de 1999

Hugo Chávez vence as eleições na Venezuela, marcando o início da chamada "onda rosa" na América Latina e o fim do Consenso de Washington, que dominou a política sul-americana na década de 1990.

Março–junho de 1999

Bombardeio da Otan contra Belgrado, terminando o conflito no Kosovo. Mais tarde, a Iugoslávia tenta, sem sucesso, apresentar denúncia contra a organização pelo ataque.

Outubro de 2001

Início da invasão do Afeganistão, liderada pelos Estados Unidos, após os atentados terroristas de 11 de setembro de 2001.

Abril de 2002

Fracassa tentativa de golpe promovida por militares na Venezuela. Os Estados Unidos reconhecem rapidamente a legitimidade do novo governo, mas recuam quando Chávez volta ao cargo em apenas 47 horas.

Agosto de 2002

Estados Unidos assinam a Lei de Proteção a Membros do Serviço Estadunidense, conhecida como Lei de Invasão de Haia, que protege o país contra ações movidas em qualquer tribunal internacional que os Estados Unidos não integrem como membro.

Março de 2003

Início da segunda guerra do Iraque.

Fevereiro de 2004

Golpe no Haiti, quando o presidente em exercício Jean-Bertrand Aristide é obrigado a se exilar na África do Sul. É de amplo conhecimento que o golpe foi arquitetado, em parte, pelo governo dos Estados Unidos.

Junho de 2004

Primeiro ataque conhecido com o uso de veículos aéreos não tripulados (drones), promovido pelos Estados Unidos contra o Paquistão, na tentativa de atingir forças do Talibã e da Al-Qaeda. Estima-se que 366 ataques tenham sido realizados desde então.

2005

Cuba oferece apoio médico aos Estados Unidos após furacão Katrina. A ajuda foi recusada pelo Departamento de Estado estadunidense.

Março de 2006

Michelle Bachelet Jeria é empossada como primeira presidenta do Chile. Socialista de longa trajetória, ela chegou a ser torturada durante o regime de Pinochet, apoiado pelos Estados Unidos.

Maio de 2008

Forma-se a União de Nações Sul-Americanas (Unasul), sinalizando o aumento da cooperação entre Estados da América do Sul.

Junho de 2009

Exército hondurenho derruba o presidente Manuel Zelaya. Reconhecido internacionalmente como golpe, todos os países da região retiram embaixadas, com exceção dos Estados Unidos.

Maio de 2010

Flotilha que transportava materiais de construção e ajuda humanitária da Turquia para Gaza é interceptada e atacada pelas Forças de Defesa de Israel. Nove ativistas são mortos. Em resposta, a Turquia remove o embaixador de Israel e cancela a realização de exercícios militares conjuntos.

Dezembro de 2010

Protestos começam na Tunísia após a autoimolação de manifestante em frente à sede do governo. O evento catalisou a revolução tunisiana, que depois desencadeou uma onda revolucionária em toda a região, conhecida como Primavera Árabe.

2011

Intervenção militar internacional na Líbia durante a guerra civil. Houve pouco apoio à intervenção, exceto por parte de Reino Unido, França e Estados Unidos.

Dezembro de 2011

Fundação da Comunidade de Estados Latino-Americanos e Caribenhos (Celac). Excluindo formalmente Estados Unidos e Canadá, representa uma alternativa à Organização dos Estados Americanos (oea), dominada por Washington.

Agosto de 2012

Assembleia Geral da onu aprova resolução contra o governo sírio de Assad. Rússia, China, Brasil, Índia e África do Sul se opõem ao que viram como apoio descarado à oposição.